【文庫クセジュ】

# 中国の地政学

マテュー・デュシャテル 著
松本達也 訳



白水社

目次

# 序章

中国はアジアに軸を置いた大国である。しかし、今やその存在が世界のいたるところに確認でき、世界の覇権に対する野心も見られる。二〇一〇年にGDP〔国内総生産〕で世界第二位に躍り出て、今日では一七兆米ドル（二〇二三年）を超えた。また、二〇一二年には軍事予算でも世界第二位につけている。一九六四年には最初の核実験を実施し、核保有国に名乗りを上げ、一九七一年には〔訳注：国連における中国の代表権は台湾が保有していたが、中華人民共和国が成立してから中国の代表権を巡る問題が提起され始め、一九七一年に台湾に代わり中華人民共和国が中国の代表権を得た〕国連の安全保障理事会の常任理事国となっている。中国が発生源とされる新型コロナウイルス感染症による惨禍が広がってからは、米国や欧州との関係が悪化した。さらに、米中間の対立によって、世界の統治体制に対する中国の積極的なかかわりや安全保障上の危機管理体制への協力などが難しくなってきている。しかし、大きな規模の国際的な交渉において、中国の建設的な参加がない限り、決着を迎えることができないのが現状である。これは国連気候変動枠組条約締約国会議における二〇〇九年コペンハーゲン会議の失敗と、二〇一五年パリ会議の成功の例に端的に示されている。

一九七八年に鄧小平が主導した市場改革によって、中国はその後約三十年にわたって年率で二桁近い経済成長を達成し、国際関係における影響力を飛躍的に強めた。ここ数年は経済成長率が六─七%と鈍化し、二〇二二年においては成長目標を五・五%へさらに下方修正したものの、今後大きな障害がないのであれば、二十一世紀中には国内総生産で世界第一位になるとの予測も見られる。

大国としての地位を築いたものの、中国は依然としてみずからを発展途上国と位置づけている。経済改革以来、中国国民の八億人余りが貧困状態から抜け出すことができた。そして、IMFによると、一人あたまのGDPは一万二五〇〇米ドル（二〇二三年）近く、中所得国に相当し、二〇一五年にはEU（欧州連合）の加盟国であるブルガリアを追い抜いている。中国は一三億の人口を抱えながら、国連で採択された国連ミレニアム開発目標を、二〇一五年ですでにすべて達成した。また、世界銀行によると、二〇一五年で中国人のわずか〇・七%が世界基準による貧困状態で生活を送っているとされ、これは、人数にしておよそ一千万人にすぎない。中国は貧困に対しては打ち勝ったものの、格差の拡大を抑えることができず、ジニ係数は一九九〇年の〇・三五から二〇一五年には〇・五近くで推移している（ジニ係数は一になると、たった一人がすべての富を独占していることを意味する）。

国内の開発と政治の安定は、中国政府にとって依然として主要課題である一方、外交面においては世界秩序の修正への野望が色濃く出てきている。鄧小平が経済改革に着手し始めたころは、国家の安全保障を確保することに主眼が置かれた。鄧小平が唱えた「能ある鷹は爪を隠す」との言葉にあるように、国の脆弱な面を減らすことに努めた。こうして国力を蓄え、軍隊を近代化したのは、統計数値が示すとおりである。

習近平は二〇一二年十一月の第十八回共産党大会で総書記に選出され、そして党中央軍事委員会主席にも選出され、人民解放軍のトップを務める。習近平時代は、すべての中国ウォッチャーが予期し、その前兆が積みあがっていたように、それまでの中国とは一線を画することになった。中国は依然として脆弱な面を抱えていることを自覚しているものの、今日ではかつての弱い中国といったコンプレックスを拭い去り、世界の大国への意欲を示している。そしてもとに戻ることのない米国の衰退といった中国流の解釈をして、世界の「リーダーシップ」を担う中国自身の野望に結びつけている。二〇一七年十月に開催された第十九回共産党大会においては、習近平が明確な工程表を提示した。これまで中国の指導者が口にしようとしなかった、超大国としての「リーダー」となることを、二〇五〇年を見据えて目標として掲げる。具体的には次の二つを目標としている。つまり、世界の軍事大国としての地位を、そして革新的な科学大国としての地位を、それぞれを築くことである。

中国はこの目標を戦争なしで達成できるであろうか。国際関係論の現実的な理論からすれば、これは可能性が低いと言わざるを得ない。新興大国はどうしても修正主義に向かうことになる。世界秩序を自国の利益にかなうように再構築しようとするからだ。一方、既存の世界秩序のトップにいる大国は、その優位性を保証する「現状維持」の枠組みを守ることに利益を見出す。したがって、修正主義的大国と「現状維持」大国とのあいだには構造的な対立関係が存在する。この対立構造は両国間のあらゆる関係に影響し、とりわけ、安全保障分野のジレンマに陥った状況において軍事面で顕在化する。たとえ、脅威を感じとったことにより、自国防衛のために行った軍隊の近代化といった決断であっても、対立関係にある大国にとっては、攻撃的な決断と認識される。これはツキジデスがペロポネソス戦争の歴史のなかで罠として表現した現象で、ツキジデスの罠として知られる。これは、現在の米中関係の中心をなしている。しかし、中国の台頭は多くのアジアの国々とも安全保障のジレンマ状況を作り出しており、その筆頭にいるのが日本である。

核抑止ほど米中対立の非常に戦略的な側面を顕著に映し出している領域はないであろう。中国共産党は一九五五年に核兵器を保有する決定をした。人民解放軍は一九六四年に最初の核実験を行っている。こうした決定に踏みきったのは、毛沢東が原子爆弾の脅しに対して自国の脆弱性を意識したからであった。朝鮮戦争（一九五〇年―一九五三年）のあいだ、米国は朝鮮半島に対する中国の介入を終わらせるために、中国の幾つかの都市に対して核兵器の使用を考えた。また、台湾海峡を巡る二度目の深刻な危機〔訳注：一九五〇年に米国トルーマン政権が朝鮮戦争勃発を契機に台湾寄りの政策に転換し、中華民国の蔣介石政権を支援し、米国の第七艦隊を台湾海峡に派遣し、これによって台湾海峡の緊張が高まった。ここにおける「二度目の深刻な危機」とは一九五四年―一九五五年における第一次台湾海峡危機を指す〕においては、米国アイゼンハワー政権下のダレス国務長官はやはり核兵器の使用を選択肢として考えた。一九六四年に中国政府は最初の核実験を発表すると同時に、核兵器に関して先制不使用の政策を採用するとし、現在もこの政策に従っている。核抑止は反撃が確保されているという概念に基づいており、核兵器によって反撃する能力を維持し、中国に対するいかなる核攻撃に際しても、反撃によって敵を破滅的な状況に陥れることができることを想定している。ところで、中国は米国が中国の核抑止力を弱めようとしていると見ている。このため、米国のミサイル防衛システムの配備や海南島海域での弾道ミサイル潜水艦への監視行為は、長期的に戦略的脅威になると考えている。米国との関係や軍の近代化の力点をどのようにとらえるかは核抑止力の将来と強く結びついている。核抑止能力がなければ、「戦略的安定性」は達しえないと中国はみなしている。ここで言う「戦略的安定性」とはロシアが用いるときと同じことを意味している〔訳注：戦略的安定性とはロシアが対米関係で重視してきたもので、核兵器など戦略的兵器などに関して、先制攻撃の誘因が低下した均衡的な状態〕。米国の脅威の重大さに対するこうした認識は、共和党のドナルド・トランプが米大統領に選出されてから著しく強まり、その後民主党のジョー・バイデンが大統領に就任しても継続している。習近平のもとで中国は核戦力の規模を根本的に変更する戦略的決定を下した。つまり、二〇一五年で二六〇発であった核弾頭の数を、中国西部に新たに建設する核ミサイルサイロに合わせ二〇三〇年には約一〇〇〇発に増やすというものである。ここで一つ問題が出てくる。この計画は、果たして自国領土を防衛するためのものであろうか、それとも、ロシアが核抑止力を盾にウクライナに対して行ったような、攻撃的戦略を支えるためのものであろうか。

ズビグニュー・ブレジンスキーは著作“The Grand Chessboard: American Primacy and Its Geostrategic Imperatives”（一九九七年）〔邦訳『ブレジンスキーの世界はこう動く――21世紀の地政戦

略ゲーム』山岡洋一訳、日本経済新聞社、一九九七年〕において、〔米国を除いたなかで〕中国を五つの世界の地政戦略国の一つとしている。つまり、地政戦略国とはその戦略上の選択が世界秩序の形成に対し影響を与え、米国の優位性を弱めることができる大国という意味である。ロシアは世界秩序の修正をもくろむ中で好戦的で、救済者的に振る舞う一方、インド、フランス、ドイツはいずれも米国の力をそぐような政策を採ったりはしない。中国だけが自国の野心に有利に適合するように世界秩序を再形成する能力と意思を同時に持っている。それは米国の存在を徐々に消して行くことを意味する。米国では中国の脅威理論が一九九〇年代半ば以降に広まってきた。中国が覇権主義的野望を追求するという考えは、中国が目的の達成のために軍事力を行使し、軍の近代化により勝利に確信が持てたところでそうした決定が合理的なものになる、といった考え方と共鳴し合った。

中国は相手国の最も懐疑的な人であっても安心させることができるように、強力に反論を展開した。覇権的な野心はなく、平和路線を追求し、経済や通商分野において双方が利益を得られる「ウィンウィン」の関係を築き、中国の内政不干渉の伝統に基づき相手国の文化や主権を尊重するといったものだ。また、国連の平和維持活動への支持など、国際的な安全保障への具体的な貢献などを挙げ、他の国連の安全保障理事会常任理事国より協力的であること誇った。

習近平のもとでは、肝いりで世界規模での提案が行われた。陸路および海路による神秘性をまとった絹の道《シルクロード》（一帯一路）の再建である。具体的には、経済の連環と統合を強化するために、輸送やエネルギーインフラについてユーラシア大陸を横断して、あるいは沿岸に沿って強固にしようとするものだ。

修正主義的大国と「現状維持」大国とのあいだにおける対立という現実的な考え方が基本としては存在する。しかし、中国の地政学をたった一つのプリズムだけを通して分析するのは控えたほうが良いであろう。中国にとって経済的利益は最も強力な政策決定要因だ。経済的利益を優先して対立関係や安全保障のジレンマを弱めようともする。こうしたなか、次のような問いが浮かんでくるであろう。中国は主要貿易相手国と領土問題を抱えていなかっただろうか？日本やインド、また台湾が当てはまる。海上のシルクロードである一路の計画は米国との地政学上の緊張を高めている南シナ海を通らないだろうか？　同時に、経済のグローバル化によって、中国の世界における勢力関係や安全保障に関する認識の仕方が変化してきている。他の大国と同様に海外での紛争発生時に自国民の保護を重視するようになってきた。中国は海外で常時生活する自国民の数がおそらく五〇〇〇万人を超えている。二〇一一年には中国はリビアから三万五〇〇〇人以上を避難させた。これは中国の歴史のなかでこれまでなかった規模であった。

中国は自国民や自国企業がさらされているリスクについて、世界の新しい地理上の要請に適合してきている。

伝統的に中国の地政学は地続きの国境と地域の問題を中心にしていたが、だんだんと海洋に向けて広がってきており、世界規模になりつつある。世界経済のグローバル化から恩恵を受けるとともに、コロナ禍や米国とのテクノロジー戦争、ロシアによるウクライナ侵攻などを受けて、世界経済の部分的「脱グローバリゼーション」の中心勢力の一つでもある。本書は第一章において中国の戦略的歴史からの遺産に立ち戻りながら、現在進行している変化を紐解く。第二章では中華人民共和国が大陸における地政学の重荷から徐々に解放されてくる過程、第三章ではアジアの海域において中国が重心を移すなか、米国およびその同盟国である日本との対立関係について分析する。第四章ではグローバルプレーヤーになった中国の地経学的な点が地政学上の認識や行動にどの程度影響したかを描写する。

# 第一章　中国の地政学的表象

中国は多民族で構成されている帝国で、国境線が絶えず引きなおされてきた。こうした経緯から、紀元前二二一年に秦王朝が初めて中国を統一する前から、すでに中国には独自の戦略的思考が形成されていた。そのあとに続く歴代の王朝は、国際政治においてこうした戦略的思考を実践に移し、発展させ、現在もなお中国において支配的な地政学上の特徴を示すものとなっている。欧米や日本による侵略から中国共産党による独立と主権の回復といった現代史の推移のなかで、中国は現実的なアプローチをとり、自国の安全保障を確保すべく国力を蓄積し、繁栄を取り戻し、世界における戦略的自立を確保するに至った。

# I　歴代王朝の遺産

## 1　序列と貢物

中国のアジア政策に関する現代の多くの分析結果が示すのは、自国より弱い近隣の国に対し、従属関係を課し、地域における序列を再構築する意図がみられるというものである。序列と貢物というものは、中国を統治してきた歴代王朝の地政学の中心にある二つの概念だ。貢物の原型といえるものは、漢（紀元前二〇六年—紀元後二二〇年）の時代にすでにみられる。しかし、唐（六一八年—九〇七年）の時代になってから帝国の対外関係において広く行きわたった。たとえば、当時の資料からすると、すでに七二の貢物をする国（朝貢国）の存在が確認できる。朝貢国は朝貢、つまり定期的に貢物を差し出すことで中国皇帝に対し象徴的な従属を受け入れ、中国の優位性を認めた。この朝貢が内容より制度としての側面が絶対視される存在となるのは、中国化した領土の多くを失うことになる弱体化した王朝、南宋（一一二七年—一二七九年）の時代になってからである。儀式的な従属関係を海外の国々が受け入れることは、中国と外交関係を結ぶにあたって必要不可欠な条件であった。貢物が中国の安全保障の持続的な確保を可能にする対外関係の唯一の方法として理論化された。

現在の多くの中国人は、明（一三六八年―一六四四年）や清（一六四四年―一九一一年）の時代には、朝貢制度がアジアの安定した秩序の基礎であったと考えている。確かに、朝貢制度とはこの二つの王朝の外交政策にとっては動かしがたい基本的な思考基盤をなしている。朝鮮、琉球王国、ビルマ、ラオス、ネパールは定期的に中国の宮廷に対し朝貢使節を送っている。現在はインドネシアやフィリピン、インドなどに属しているが、当時独立していた多くの国も同様であった。明では朝貢を管理するのは式典担当の部署であり、清では属国担当の部署であった。相手国を食い物にする、というわけではない。この制度の下では朝貢をする国にとっても中国から大きな利益がもたらされたのである。なぜなら、中国は相手国に惜しみない見返りを与えていたからだ。大学の研究によると、朝貢制度は純粋に経済的な側面以上に、中国にとって高くついたとされている。

朝貢国の輪の外にそのほかの国が位置している。中国での呼び方はさまざまだが、そのほかの国はつねに蔑称で呼ばれる。つまり、中国文化圏の外にいるものはすべて野蛮な存在なのだ。こうして、十八世紀の終わりに英国が対等の関係で国交を樹立しようと清に使節団を派遣したとき、ほかの朝貢使節とまったく同じように扱われた。当時の状況を鑑みると、マカートニー卿率いる使節団の要求はむしろ節度あるものだった。中国への大使の派遣や、一部の商品に限られ、入港が広東港だけという貿易制限の撤廃を求めたものだった。中国当局は長いこと謁見願いを拒否していた。なぜなら、マカートニーは面会のときの作法である「三跪九叩頭」を受け入れなかったからである（中国で「叩頭」とは「敬意を表すために地面にひれ伏し頭をつけること」を意味する）。乾隆帝はいつまでも続くこのやっかいな状況を終わらせるために、単に膝をつくだけの謁見方法に同意した。しかし、ジョージ三世に宛てられた親書は英国にとって屈辱的な内容で、英国の要求はすべて拒否された。

朝貢という行為には、「天命」という概念と結びついた、一種の観念的な面が映しだされている。中国皇帝は「天の下」（天下）の秩序を保つためにこの天命を受けている、とされる。「天下」は世界を覆っており、皇帝は天命を受けたことから天と地の調和を保つ責任が生じる。明朝以来、こうした宇宙の始まりを思わせる考えは、首都である北京の中心に象徴的に刻み込まれている。明の伝統によると、皇帝は毎年、故宮から天壇に赴き、調和を保てるように生贄を捧げた。繁栄と平和は皇帝の選択にかかっている。したがって、この理論からすれば、皇帝の受けた「天命」はつねにその真価を問われることになる。つまり、もし自然の大災害が起きたり、国内で大規模な騒乱が生じたりすれば、天命に疑問符が付けられる可能性がある。こうして、朝貢制度は国際関係における単なる行動規範以上の意味があった。清の弱体化を嘆く二十世紀初めの中国のナショナリストたちにとっては、日本による朝鮮の植民地化、あるいはフランスによるベトナムの植民地化は、清が伝統的な従属国に対して責任を果たせていない、道徳的破綻と認識された。

とくに明の時代から中国との国交を結ぶにあたって条件となった朝貢制度は、国際秩序における序列の概念を映し出すことになった。一方、欧州では一六四八年以来、ウェストファリア体制による主権国家の概念が行きわたっており、こうした中国の行動様式とは相いれないものであった。十九世紀のあいだ、この二つの概念は衝突し、やがて清の軍事的な敗北にいたり、中国の知識層は存在意義を根本的に問われた。

しかしながら、現代の中国の地政学から、従来の外交姿勢が消えたわけではなかった。つねにその残像が姿を現す。たとえば、二〇一〇年に東南アジア諸国連合（ASEAN）地域フォーラム（ARF）において、幾つかの参加国が中国の南シナ海進出に関して懸念を示したとき、中国の楊潔篪外相はシンガポールの外相を見据えて「中国は大国であり、あなたたちは小国だ。それが事実なのだ」と言い放った。また、習近平の外交政策においては、政治的譲歩に貿易上の見返りを結びつける機会が増えるようになった。

また、この序列制度のなかに、国際関係において、現代における現実的な理論にとって重要な要素である「覇権の安定性」への反映を見てとることもできる。相手国を上回る国力でこの秩序制度を支配することで、国力で劣る国々にこの秩序を押しつける。理論上はこの安定した秩序が平和を保障する。明や清が朝鮮やベトナムとともに平和な関係を構築できたのは、このおかげである。一九一一年に〔辛亥革命を成功させ、一九一二年に〕中華民国を成立させた孫文は、シャムやビルマが中国に比べて国力で劣るにもかかわらず、何世紀ものあいだ独立を保ちえたのはこの朝貢制度があったからだと見ていた。もっとも、こういった序列による秩序制度は冷戦期の西側陣営における米国には当てはまらず、ソ連とその周辺国との関係とも異なるものであり、この秩序による平和は多くの例外的な存在から挑戦を受け、また、軍事力によって保たれることもしばしばであった。アラステア・イアン・ジョンストン〔訳注：米国の国際政治学者〕の計算によると、明は年に平均一・一二回の戦争を行っていたという。中国の歴代王朝は自国の安全保障を名目に絶えず戦ってきた。こうして、トルコやモンゴル、満洲の遊牧民族とは中国の西方や北方の国境を巡り、波乱な関係を経験し、ベトナムとも同様であった。中国にとって国境を画定するということは現在においてもなお、地政学上の重要な要素である。

## 2　統一と分裂

国家の統一は中国の地政学にとって中心命題である。中国は主権の及ぶべき領土の一部が切りはなされた状態にあると見ている。その地域には、台湾、アルナーチャル・プラデーシュ〔訳注：インドの北東部に位置する州〕、東シナ海の釣魚島およびその付属島嶼／尖閣諸島、または、ベトナムやフィリピン、マレーシアが支配している南シナ海の島々などが含まれる。この領土紛争を巡っては、緊張がたびたび高まる。ジャック・ジェルネ〔訳注：フランスの中国研究者〕によれば、中華人民共和国は歴代の中国王朝のなかで、清から継承しているものが最も多いという。中華人民共和国は「外」モンゴルの独立についてスターリンに譲歩したものの、内モンゴルを自国内にとどめ、獲得した領土のほとんどを維持し、満洲の中国への返還も成し遂げた。長く帝国の周辺に位置し、紛争の絶えない関係にあったチベットや新疆についての中華人民共和国の管理の仕方も、清と同様である。また、主権の及ぶべき地域に「九段線」という考えが加わった。これは中華民国時代の国民党が描き出したものを継承し、南シナ海における領土的要求をする際に使用するものとなっている。

こうした領土に関する紛争の現在の管理形態は中華人民共和国独自のものであるものの、領土の一体性と分裂という問題は、紀元前二二一年に秦が中国を統一して以来、中国の政治史に連綿とかかわってきたものである。中国史のなかで、統一は偉大さや威厳を想起させ、分裂は弱さや恥辱と結びつく。

歴代王朝の歴史は分裂、再統一、拡大などの段階を通して読み取ることができる。羅貫中が著し、十四世紀ごろに出版された『三国志演義』は中国文明が生んだ有名な書物の一つだが、その冒頭に次の言葉がある。「分かれること久しければ必ず合し、合すること久しければ必ず分かれるもの（分久必合、合久必分）」（邦訳『三国志演義（上）』立間祥介訳、平凡社、一九七二年）。この小説の舞台となっている三つの国は、漢のあとを継承したもので、漢は秦の時代の国境を南方や西方に大きく広げていった王朝であった。『三国志演義』に出てくる三国は二二〇年から二六五年まで三十年以上ものあいだ、覇を争い、やがて西晋が起こり、天下を統一するに至る。この分裂に至る展開は中国史を通して周期的に繰りかえされ、安全保障上の脅威や分裂のリスクを抱えるなか、帝国の領土拡張を正当化する理由づけとなった。

中国の歴史のなかでは長期にわたって政治が安定し、経済や文化で栄華を享受した時期が幾つかある。唐の時代（六一八年―九〇七年）は平原部や、北東の海岸部を除いた現在の中国の沿岸部のほとんどを統治下に置いた。西方は黄河流域から敦煌あたりまでを支配し、ゴビ砂漠や中央アジアのトルコ系民族と多くの戦闘を繰りひろげた。また、絹の道を守るために、タリム盆地ではチベット族の侵入に対処することになった。宋の時代（九六〇年―一二七九年）は分裂の時期であり、モンゴル族や女真族（満洲族）との戦乱の時代であった。宋は九六〇年に統一を果たしたものの、間もなく北方の領土を奪われてしまう。文明が栄えたのは南で、中国史のなかでも最も洗練されたものの一つといえよう。北の国境は中国にとってアキレス腱である。フビライ・カーン率いるモンゴル族はついに元（一二七九年―一三六八年）を打ちたてるに至る。元は中国化し、日本と東南アジアへ領土を拡張しようと試みた。中国の首都を北京に定め、北東中国を支配し、朝鮮半島を併合した。北の国境はバイカル湖に到達するまで拡大が止まらなかった。モンゴル族はカスピ海に達するようなユーラシア大陸全体を覆うほどであったが、元はそうしたほかのモンゴル族の国々からは独立を保った。

明（一三六八年―一六四四年）にはこうした領土の拡張期はなかった。鄭和（第二章参照）による海洋遠征は領土拡張の精神の持続性を感じさせるが、内政と陸の国境という、従来の課題へ間もなく立ち戻ってゆく。明代は繁栄と安定で知られる。しかし、それでも、新たな問題が持ちこまれる。朝鮮半島を巡る日本との対立である。朝貢国である朝鮮王朝を二度にわたる日本の侵略（一五九二年―一五九八年）から守るために、明は多くの兵士の命を失っている。清（一六四四年―一九一一年）は、満洲族という中国以外の民族が中国を支配したのち、中国化した例の一つである。清はかつてない領土の拡張期を迎える。満洲を統合したのに加え、モンゴル、新疆、チベットを支配下に置いた。

中華人民共和国以前の中国では、歴史を通して、モンゴルやトルコ、満洲などの民族からの安全保障上の脅威によって北方や西方の周辺域の地政学の重心をどこに置くかを決定した。中国で海洋における地政学が重視され始めたのは十九世紀になってからにすぎない。またこうした変化は、欧州や日本の帝国主義による安全保障上の脅威が増したことによって引きおこされたものだった。十九世紀になって帝国主義列強諸国からの侵略に直面し、統一と分裂が再び中心命題となった。中華民国の時代になっても、対外的にはさらにその力を弱めることになった。中国国民党は国内の一部を支配していた軍閥と戦い、その後は共産党との内戦に力を注がなければならなかったからである。中華民国の歴史を通してもやはり、多くの中国人にとって二十世紀は、従来の分裂と再統合の循環のなかに位置づけられると考えられている。

## II　国恥の百年

清の国力が大幅に低下し、帝国主義列強諸国との戦いに次々と敗北することによって、十九世紀半ばからの時代は国恥の百年（百年国恥）として中国人の記憶に残っている。一連の出来事は、まず欧州列強の侵略から始まった。英国によって第一次アヘン戦争（一八三九年－一八四二年）が引きおこされた。清は当時、貿易制限を維持しており、英国は清との貿易赤字に対して、英国の植民地であったインドで栽培・製造していたアヘンを売ることで賄うしかなかった。アヘンは広東で急速に広まった。アヘン購入費用は清の財政に重くのしかかり、茶、綿、陶器、絹製品の輸出では埋めきれなかった。そこで、アヘンを没収し、英国商人の追放を命じた。これに対し英国は沿岸部に対して軍事的報復にでた。戦争の結果、清にとって最初の「不平等条約」となる南京条約が締結された。南京条約によって、清は治外法権を認め、香港を英国に割譲した。また、この条約では清に対して、広州に加えてさらに四港（上海、厦門、福州、寧波）を開港して自由貿易を可能にし、戦費等の賠償金を支払うことが命じられた。香港が中華人民共和国に返還されたのは、鄧小平が英国との合意に至ったのち、一九九七年になってからである。百年の国恥を雪《すす》ぐには基本的な一歩ではあるが、記憶を拭いさるにはまだ不十分であったであろう。

なぜなら、南京条約はその後に続く一連の〔不名誉な〕歴史の始まりにすぎなかったからである。米国とフランスも同様の内容の合意を清に認めさせる。一八五六年には第二次アヘン戦争〔アロー戦争〕が勃発する。第一次アヘン戦争と同じような意図のもとで、英国は交易船の船員が逮捕されたことを口実に新たに戦争を仕掛け、貿易上での譲歩を要求した。フランスもこの戦争に加担した。英仏連合軍は広州を占領し、米国とロシアは英仏を支持した。戦争は一八六〇年まで続き、北京にある頤和園が略奪されたところで終わった。今日でもこの略奪跡は何にも増して「百年の国恥」を象徴している。その後に締結された条約で、中国は英国に対し九龍を割譲し、新たに港を開港することを約束し、アヘン取引も合法化した。また、外国船による揚子江〔長江〕の自由航行、外交使節の北京駐在が認められるとともに、さらなる莫大な賠償金の請求も行われた。

中国にとって西欧列強によって引きおこされた三度目の国恥は世紀の変わり目の頃、義和団事件のときにやってきた。英国では第三次中国戦争〔Third China War〕と呼ぶこともある。義和団〔英：Boxers〕とは拳法を駆使し、一種の信仰をともにしながら、武装蜂起をした団体である。山東省で蜂起し、目的は分かりやすかった。つまり、清朝を助け、外国人を排することだった。義和団は始めにキリスト教の宣教師などを、次にキリスト教に改宗した中国人などを殺害し、一九〇〇年夏には北京の在外公館のある地域を襲撃した。慈禧太后〔西太后〕はこの義和団の動きを支持し、中国における外国による支配を弱めるのに利用できると考えた。外国の公使館が義和団に襲撃されると、西太后は外交使節団に退去するよう要求した。この要求に対する返事は「八カ国連合軍」（八国聯軍）となって返ってきた。つまり、オーストリア＝ハンガリー、ドイツ、英国、米国、フランス、イタリア、日本、ロシアが激しい騒乱のあと、在外公館の地域を開放しようとして共同で出兵したのである。

義和団の乱によって、百年の国恥において、新たな国の関与が明らかになってきた。十九世紀末以降、中国は日本の帝国主義に直面していた。日本による虐殺を伴う熾烈な侵略行為はその後長く引きずるトラウマを生み出し、占領軍による傍若無人な統治によって増幅された。とくに二〇〇〇年以降、中国人の愛国心を喚起する目的で、中国政府はこうした日本の残虐行為を利用してきた。日本が最初に介入してきたのは一八九四年に朝鮮半島を巡る二ヵ国間の紛争〔日清戦争〕であった。この戦争の結果、一八九五年に下関条約が結ばれ、遼東半島、台湾、および台湾海峡にある澎湖諸島が日本に割譲された。これによって、中国とかつての朝貢国との力関係が完全に逆転した。遼東半島を占領した日本は、徐々に満洲一帯の支配を進めた。一九三七年には日本が全面的な攻勢をかけ、まず上海へ向かい、次に当時首都としていた南京へ進軍した。南京で日本は組織的に民間人を殺害し、明白な勝利を収めることによって、蒋介石〔常凱申〕から降伏を引出せるともくろんだ。この時の犠牲者を巡っては歴史上の論争になっているが、多大であったことは確かだ。日本の推計からすると、四万人から二十万人の民間人が犠牲になったとされる。一方、中国では三十万人以上の犠牲者がいたと主張している。戦後日本は平和路線を歩み、二十世紀末以降の中国の経済発展に多大な貢献をし、侵略戦争に対しては度重なる謝罪が日本政府によって行われたものの、日本で修正主義的な組織が存在することで、南京事件の歴史的な傷口を定期的に疼かせることになっている。

　中国は日本に対して猛烈に抵抗した。しかし、蒋介石はかつての清国内で国家統一を成し遂げることや、帝国主義列強諸国から国を解放することはできなかった。一九三〇年代には、共産党勢力と戦い、主戦力を幾つかの拠点から敗走させたりしたものの、決定的な勝利には至らなかった。こうして、〔国民党と共産党の〕二つの勢力が日本と対峙することになった。蒋介石率いる国民党の正規軍は米国やソ連からの援助によって入念に装備され、日本との戦いの主戦力であった。一方、共産党は退避して延安に拠点を移しており、日本軍に対してはゲリラ戦を挑んだ。日本は米国に敗れて降伏したことから、中国軍の功績は隠れてしまいがちである。また、国民党は国共内戦に敗れたことによって台湾に逃れたことも、その一因となっている。しかし、中国は日本軍を中国領土内に留め、ほかのどの国より日本軍の力を削いでいった。八年間（一九三七年―一九四五年）のあいだ、日本は中国全土を支配することができなかった。戦闘の結果、死者の数は二千万人におよび、その多くは中国の民間人であった。

アヘン戦争で度重なる敗北を喫し、日本軍による暴虐な占領時代を経て、中国では国際関係においては国力に重点を置いた非常に現実的な見方が生まれてきた。中国人研究者のなかでは、趙穂生のように社会進化論と比較する考え方も可能となった。つまり、強い国家だけが生き残り、弱い国家は大国の覇権に吸収されるか隷属するというものである。中国の地政学者にはシカゴ大学教授で攻撃的リアリズムと国際関係の「悲劇」を理論化したジョン・ミアシャイマーの研究が好まれている。ミアシャイマーによると、国際システムの構造上、国家は領土を拡大することによって国力を増大せざるを得ず、したがって、現状維持はむしろ攻撃を招くことになる。しかし、こうした国力の追及は、最終的に非生産的になる。なぜなら、これに対抗するために同盟を組む動きが出てくるからだ。

# Ⅲ　中華人民共和国の指導者たちの遺産

中華人民共和国の一九八二年憲法の前文では共産主義以上に中国人民による革命が国家統一の動きであったことを想起させている。つまり、「一九四九年、毛沢東主席を領袖とする中国共産党が率いる中国の諸民族人民は、長きにわたる苦難と曲折に富む武装闘争、その他もろもろの闘争を経て、ついに帝国主義、封建主義そして官僚資本主義の支配を覆し」（「中華人民共和国憲法」〔王叔文編著『現代中国憲法論』西村幸次郎・中島優子訳、法律文化社、一九九四年〕）と、述べられている。歴代王朝の歴史に彩られ、つねに百年の国恥を意識しながら、中国の地政学は中華人民共和国の指導者たちの見方や遺産が特徴として加わり、全体像を表す。

## 1　マルクス・レーニン主義と毛沢東思想

毛沢東とはどういった人物か。毛沢東は政治家であり、とりわけ、中国の独立と世界のなかの中国の位置づけについてビジョンを持った戦略家であった。世界に関しての中国の見方として今でも継続するような概念をいくつも作り出している。たとえば、清の末期における中国を称する「半植民地」といった考え方や、上海や一部の都市を除き、労働者階級が存在せず、農村がほとんどという中国の特殊な状況を鑑みて、マルクス・レーニン主義を中国流に解釈して適応させた手法などが挙げられる。また、三つの世界論を唱え、それによると、冷戦期において世界は相対立する二つの陣営に分かれているのではなく、超大国（米国とソ連）、発展途上国、そしてその間に位置する中程度に発展した国（ヨーロッパ、日本、カナダ）の三つの世界で、中国は発展途上国に属しているというものだった。

毛沢東はとりわけナショナリストであり、ロシアの発展よりはアメリカの成功のほうに関心を持っていた。そのため正統マルクス・レーニン主義に思想的に寄せてゆくのはつねに困難を伴っていた。これは、毛沢東が亡くなる一九七六年までの二十年以上にわたって、主治医を務めた李志綏が回想録〔邦訳『毛沢東の私生活』新庄哲夫訳、文藝春秋、一九九六年〕のなかで明かしたことである。一九三〇年代終わりに、ソ連は国民党を支持する選択をした。ソ連は毛沢東をナショナリストであり、言うことを聞かない人物と判断した。中国共産党のなかでのスターリンのお気に入りは、ロシアで訓練を受け、コミンテルンの規律を受け入れる王明であった。

毛沢東には一種の救済者主義的な思考があり、中国国内で進めた個人崇拝と同程度に、中国の世界的な存在感を高めようといった考えも持っていた。一九六〇年に中ソ間で亀裂が生じたのは、スターリンの死後にソ連との関係で中国が従属的な地位に甘んじることを拒否したこと、また毛沢東が自身の政策路線のほうがフルシチョフよりも繁栄した共産主義社会を早く建設できると強く確信していたことなどに大きな理由があった。大躍進政策（一九五八年―一九六〇年）や文化大革命（一九六六年―一九七六年）は国内向けの政策であったが、いずれも世界の社会主義運動を先導しようとする野心が潜んでいたと言えよう。

毛沢東時代は他国との関係では内政不干渉を中国の基本政策としていた。これは〔インドの〕ネルーや〔インドネシアの〕スカルノが主導して一九五五年にバンドンで開催された非同盟諸国による会議〔アジア・アフリカ会議〕において、首相である周恩来が掲げ、合意されたものである。内政不干渉政策は毛沢東の三つの世界論と結びついていた。毛沢東は中国の外交政策を帝国主義への抵抗、そして脱植民地化運動の継続と理論づけた。毛沢東は、ソ連を、資本主義の覇権勢力と戦う革新的な国と表現していたが、中ソ対立以降は、帝国主義国とみなした。以降、発展途上国のリーダーとしての地位を得ようとした。またこの時、中国の現代の外交姿勢を示す主要な要素が確立した。つまり、非同盟主義（不結盟）である。

このようなイデオロギーの柔軟性は中国の地政学が形成された時からの基本要素の一つでもある。つまり、一九七一年に起こった、戦略転換に象徴されていると言えよう。この時、毛沢東はあらゆる正統派共産主義者の意に反して、米国に接近し、ソ連の背後に回り優位に立とうとした。米国とは朝鮮戦争を戦い、米国は依然と台湾を支持していたが、毛沢東はキッシンジャーやニクソンとともに、米中ソによる戦略的三角形の概念や、戦略的決別といった概念に新しい意義をもたらした。

毛沢東は非常に危険な賭けに出ることができた。中国が朝鮮戦争に参戦したことや、一九五四年や一九五八年の台湾海峡危機を思い浮かべてみると理解できるであろう。米国が報復に核爆弾を投下する脅威があったにもかかわらず、いずれの決定も状況を的確に把握したうえで下されている。毛沢東は核攻撃のリスクを「張り子の虎」と称してはいたが、それでもやはり、一九五五年には中国核兵器製造計画の始動を命じ、中国国内で政策の失敗により多くの人命が失われた悲劇にもかかわらず、核開発の歩みが途絶えることはなかった。

## 2 鄧小平の地政学の概念

鄧小平は一九七八年に一連の経済改革に着手し、四十年後の現在まで続く中国の経済復興を牽引した。改革の始まりは控えめな試みからであったが、それは明らかに、毛沢東主義の行き過ぎから決別することであった。文化大革命による混乱を目の当たりにし、鄧小平は「秩序を取り戻し、混沌に終止符を打つ」（撥乱反正）ことを願った。党の権威を取り戻し、レーニン主義の規律に重きを置き、優先事項の最も上に政治的安定を据えた。これは毛沢東主義が、予想していないことを絶えず引きおこしたことに対する反動であった。このアプローチによって経済が成長軌道に乗ったものの、一九八九年六月四日の天安門広場に集まった改革者に対する流血を伴う弾圧が正当化されることにもなったのである。

鄧小平が思い描いていたのはリスクを避けることによる台頭である。一九九〇年代初めに鄧小平は国際関係において、「目立つ行動を控える」ことの有用性を理論化した。つまり、前述した有名なことわざ「能ある鷹は爪を隠して時を待つ」（韜光養晦）である。この言葉は、中国語で二十四文字からなる指針の一部で、全文は引用されることが少ないが、実際は以下のようなものである。「冷静に観察し、足元を固め、落ち着いて対処し、能ある鷹は爪を隠して時を待ち、目立つ行動を控え、けっして先頭に立ってはならない」（冷静観察、站稳脚跟、沈着応付、韬光養晦、善於守拙、絶不当頭）。

鄧小平の外交政策はこの基本線に沿ったものである。のちに世界の統治に中国がかかわっていないとの批判を浴びることになり、鄧小平は最後に四文字を足すことになった。つまり、「ときどき限られた範囲で貢献できることを行う」（有所作為）である。これが意味するのは、中国がより積極的に対外政策に関与する用意があることを示せる、ということだ。具体例を挙げれば、国連の平和維持活動などに参加することにお墨付きが得られたことになる。

鄧小平のこの言葉は、中国の外交戦略を議論する際に長きにわたって基本認識となってきた。もっとも、現在は、すでに新しい時代に移行したように見える。中国はこの外交路線を放棄する妥当性について、十年以上も議論をしてきた。地政学上のリスクを取ってもっと積極的に国益を守るためである。習近平が権力を握ったことで、目立つ行動を控えるような外交には終止符が打たれた。中国の戦略では慎重なアプローチが依然と支持されるとしても、そうした支持は大分目立たなくなったのである。

冷戦期の最後の十年は、中国と西側との蜜月の時期といえる。とくに米国との関係は良好で、米国は鄧小平の改革路線に熱狂した。また、中国はソ連のアフガニスタン侵攻を終わらせる米国の努力を支持した。鄧小平はベトナムに対し、一九七九年に「自ら」戦争を開始した。中国は米国と独立戦争を戦ったベトナムに対し、カンボジア侵攻をやめさせ、後ろ盾となっているソ連との関係を断ち切ろうとしたのである。鄧小平にとって、中越戦争はある意味で、米国との関係を深めるものであった。とくに国の近代化のために、米国の資本とテクノロジーを必要としていた。この点については、天安門事件を契機にして決別し、米国や、程度は低いものの欧州に対しても不信感を抱くような、別の時代に移行することになる。

中国の世界統治を簡潔に表現する言葉があり、冷戦後に中国の戦略を形作ることになる。それは、一九九〇年代に鄧小平が表現した言葉で、世界は超大国と幾つかの大国がある（一超多強）というものだ。これは冷戦後の米国「一極構造時代」に対する中国の応答である〔訳注：「一極構造時代」は、ジョージ・ブッシュが米国の大統領の時代に、新保守主義の論客であったクラウトハマーが『フォーリン・アフェアーズ』誌に投稿した論文の表題で、米国による一極構造が米国の国益に利するのであり、世界の安定にとっても有益であると論じている〕。毛沢東時代に中国を非同盟国や発展途上国の「指導者」と見なしていたころや鄧小平自身の経済改革の最初の十年間のアプローチから明らかに決別するものである。つまり、この言葉は、中国が世界システムのなかでロシアや日本、あるいは欧州の大国と並んで構成国としての役割を果たしているという認識を示している。この見方からすると、多極化による世界秩序を構成しようとする戦略的目的を持った外交政策が生まれてくる。米国の一極時代の終結を加速するために、中国はほかの大国と戦略的パートナー網の構築を進めて行くことになる。こうした外交政策の分散化によって、冷戦時代にとった政策とは決別する。中国は新しい時代に適応するのである。

最後に、鄧小平の戦争の形態に関する見方について考察しよう。これによって、中国の軍隊が進むべき方向を定め直した。鄧小平は大国間で戦争が起こることは、今後はないと考えた。つまり、ソ連は脅威でなくなり、米国は基本的に敵対的ではない。天安門事件での虐殺行為により、米国は欧州とともに中国に対して制裁を科した（この制裁はほとんどが今日に至っても科せられたままである）ものの、少なくとも戦争に至るような程度ではない。したがって、中国は防衛努力を時代に合わせることができると考えた。もう、「人民戦争」〔訳注：「人民戦争」は毛沢東が掲げる戦略理論の一つ。日中戦争の時のように、軍事力や経済力で勝る日本のような帝国主義国に対し、中国は豊富な資源や圧倒的な数の人口・兵力で対抗し、広大な国土で持久戦に持ち込み、最終的に勝利するというもの〕に備える必要はない。もはや中国の陸の国境からの侵略の脅威に備えるために、人民解放軍を近代化するのでもない。この方針転換によって、中国の周辺地域の紛争に関する中国の安全保障政策の方向性が変わった。この方針転換はとくに、一九九〇年代に優先事項となる台湾政策に影響を与えたのである。

## 3　後継者たち——国力の増強と制御

毛沢東と鄧小平が中国の外交政策の大枠を設定した。つまり、国家の独立と戦略の自立性を求め、中ソ同盟の破綻のあとは他国とは同盟を結ばないとの決定を下し、国力の増強により安全保障を追求し、大国による覇権主義や米国による単独行動主義には反対する、というものである。

中国共産党の総書記は、江沢民（一九八九年―二〇〇二年）、胡錦濤（二〇〇二年―二〇一二年）と受けつがれ、多極世界の戦略ビジョンは継続して行く。多極世界においては、力が世界的に均衡していることで、米国が中国を悩まそうとしても、その能力は限られるはずであった。天安門事件後の中国は、経済成長が著しく、年率で二桁の成長率を重ねた。これを受けて、地政学上の中心となる問題は、経済成長をいかに継続するかになってくる。鄧小平の頭から離れなかった「安定」を追い求める姿勢は変わらなかった。外交面では紛争を避ける姿勢となって示された。中国は米国や日本に挑むようなことはしなかった。目立つような行動は控え、国力の蓄積に集中した。

一九九〇年代、中国政府は米国が仕組んだ戦略的封じ込め政策の犠牲者であると結論づけた。米国は中国の台頭を抑えこみ、体制変換を狙っているとみなしたのだ。中国の保守派の一部では、鄧小平の改革が始まった時から、西欧的価値が浸透する影響について憂慮されていたが、天安門事件を通して、こうした考え方が広く共有された。中国共産党は「平和的な手段による中国社会の転覆政策への対抗」（反和平演変）について理論づけを行い、文化の普及や民間の交流、また民主主義や「西欧的」人権の自由価値を中国人民に対して広めるようなものすべてについて、浸透することが危険であり、これを防ぐ手段を講じた（人権について「西欧的」としたのは、中国政府はその普遍性を否定しており、第一義的な人権とは経済的な発展であるとの理論を擁護した）。

中国の立場からすると、思想面に加えて、軍事的にも封じ込めがなされていると見ていた。ソ連崩壊後、中国はアジアにおける米国の同盟網による標的の中心に自国があると感じていた。米国はアジアで防衛相互協定を次々と結んでいた。日本（一九五一年および一九六〇年）、韓国（一九五三年）、フィリピン（一九五一年）、オーストラリア（一九五一年）などである。加えて、米国は台湾軍にとって重要なパートナーであり、シンガポールやタイとも軍事協定を結んでいた。二〇〇一年九月十一日の米国同時多発テロ以降、中国はアフガニスタンに対する報復を支持していたものの、国境を接する国に米軍が存在することについては、自国の戦略的な地域を圧縮するものであるとすぐに判断した。米軍がキルギスタンの駐留米軍基地を拠点にしていたことで、中国のこうした意識は増幅されたのである。さらに中国は、海軍を増強するにつれ、アジアで米軍の存在を支持する国々の包囲網のなかで中国沿岸に形成された第一列島線を自由に越えてアクセスすることが難しいことにも不満を募らせた。

こうした傾向は習近平政権のもとでも続いた。習近平は二〇一二年から二〇一三年にかけて、中国権力における要職に次々に就任した。つまり、共産党総書記、国家主席、党軍事中央委員会主席である。そして、習近平は中国が外交面において自重することから脱却を図った。もっともこの結果が何をもたらしたかは明白ではない。民主主義の思想に囲まれていることは、習近平にとって強迫観念になっていた。西欧は敵対的で、中東では体制変換を図り、戦火を交えて血を流す結果になったのは西欧のせいだと習近平の目には映った。習近平のもと政府は思想統制を強め、とくにインターネットの規制を強化した。自由思想家が自由思想を広めるのに有用であるとみなしたインターネットが、民衆を統制する最も強力な装置と化したのは皮肉な結果であった。オバマ政権が「アジア回帰政策〔pivot to Asia〕」と称し、米国とアジア諸国との軍事、経済、人的関係を強化し、「太平洋の世紀」に適応しようとしたことは、習近平にとって米国の新たな敵対の証拠であった。ドナルド・トランプが二〇一六年十一月に米国の大統領に選出されてからは、米中間の戦略的競争がさらにあからさまになった。中国周辺のベトナムやミャンマーなど新しい国は米国に近寄って行った。習近平が鄧小平や以降の中国指導者と違うのは、権力行使において、劣等感を持たず、ためらいがないことである。習近平は率先して、対決姿勢を取り、力の劣る近隣国に既成事実を突きつけた。鄧小平のように目立つ行動を控えてやり過ごす姿勢とは決別して、中国のパワーを活用した。鄧小平のやり方では中国が唯々諾々と他国に従わざるを得なくなると見ていたのだ。こうして二〇一七年十月に開かれた第十九回中国共産党全国代表大会で鄧小平路線との決別は完了した。そして内政においては権威主義体制が戻ってくるのである。

# 第二章　大陸における国境の安定化

万里の長城が次のことを物語っている。つまり、中国の代々の王朝は地続きの国境管理にどれほど腐心してきたか、である。侵略や略奪の脅威は地続きの国境を越えてくるのであって、海上の国境管理は二の次であった。中国はもともと黄河流域からその影響力を北方や西方に広げていった。もっとも、中国でも海軍力を長期に誇っていた時代があり、鄭和（一三七一年―一四三三年〔頃〕）が南海遠征を行ったときに頂点を迎えた。明の第三代皇帝である永楽帝から、インド洋へ向けて遠征を行い、世界の探索をするように命じられた鄭和は、大型の木造帆船などからなる艦隊を率い、七度にわたって実施した。目的は探索であり、植民地を求めたり、砲艦外交を仕掛けることではなかった。艦隊は東南アジアやスリランカ、さらには遠くのアフリカの東部の港に寄港した。この遠征は朝貢外交の範囲を広げるためとみなすこともできる。なぜなら、このような力の誇示は、象徴的な従属を示す中国の儀式に則った贈り物の交換が伴っていたからである。しかしながら、永楽帝の後に続く皇帝は、内政に集中するためにこの海上遠征を終了する決断をした。とくに帝国の陸続きの国境に気を配らざるを得なかったのである。鄭和による南海遠征の期間は比較的短かったものの、この記憶は中国の戦略的アイデンティティーを構成している。つまり、毛沢東以後の中国で、陸上でのパワーと海上でのパワーを巡る議論が起こった時に、政策上で陸上以外の選択肢が可能であり、その際の参照になりえたのだ。

一九四九年に中華人民共和国が成立した時点では、中国の海軍力は貧弱なものであった。陸続きの国境を接する隣国とのあいだで多くの国境紛争を抱えていたのだ。ソ連という要素は、ある時は重要な同盟相手であり、ある時は存在を脅かす脅威となり、いろいろな意味が含まれた存在であった。こうして中国の地政学はまずユーラシア大陸のなかで形成されていった。二十一世紀を迎えたあたりから、大陸における地政学の重要性が低下し始める。習近平の中国は再びロシアと緊密な協力関係を結んだ。これまでの国境を巡って起きた問題がなくなり、その後は問題があるとすれば国境を越えた両国にとっての共通問題になった。国境の画定がほぼ終了し、テロのリスクや不正取引のほうがより大きな懸念事項となり、国境を接する国同士の協力が必要となったのである。習近平はユーラシア大陸の経済統合を促進し、中国企業に新たな成長の場を提供するために、昔の絹の道を現代風にすることにした。こうして、グローバル化が進む時代に、中国の大陸における地政学に新しい意味付けを行った。同様に習近平は、中国の社会主義を西側の民主主義体制に対する競争者であることを明らかにし、中国の保有するパワーが世界秩序を変更することになるとした。

## I　中国の陸続きの国境を巡る地政学

中華人民共和国が領土に関する主張をする際に基準として使用したのが、清朝が一九一一年に瓦解したときの国境であった。しかし清が領土的に拡張の頂点に達した十九世紀初めの国境線を回復しようとはしなかった。台湾へ避難した中華民国とは反対に、中華人民共和国はモンゴルの独立を認めた。合計で三〇〇万平方キロに達する領土について、一九四九年にそのほとんどがソ連に組み込まれ、その一部にはモンゴルも含まれた。しかし、異議を挟まない決定をした。ところがこの選択は、解決されねばならない問題をかなり多く含むこととなった。また、一九四九年に中国は二〇万平方キロ以上にわたる領土に関して国境問題を提起した。関係国はビルマ、ネパール、インド、北朝鮮、モンゴル、パキスタン、アフガニスタン、ブータン、ラオス、ベトナム、ソ連（のちにはロシア、カザフスタン、キルギスタン、タジキスタン）に及んだ。この国境紛争は、インドとブータンを除いて現在は解決に至っている。一九六〇年代と一九九〇年代の二つの時期を通して、中国は交渉して国境を画定させた。こうして、ユーラシア大陸における中国の地政学は、主権を巡る紛争の重石から解放された一方、問題は海上における地政学に移行する。

## 1　中華人民共和国による国境画定

中華人民共和国は領土紛争にあたって、ためらわずに軍事力を行使した。一九六二年にインドと、一九六九年にソ連と、一九八八年に海域についてベトナムと、領土を巡ってつねに先に攻撃を仕掛けた。しかし、国境画定問題にあたっては、つねに交渉によって解決し、妥協をしており、軍事力によって征服することはなかった。マサチューセッツ工科大学教授のテイラー・フラヴェルによると、中国は内政で大きな問題を抱えているとき、国境の安定が問題解決に役立つならば、かなり大きな譲歩を認めてきたとしている。新疆やチベットの問題は二十世紀の中国の国境を巡る歴史のなかで、中心であり続けた。フラヴェルは、天安門事件後における中国の外交的孤立が果たした役割の大きさについても強調しており、これによって鄧小平はソ連やラオス、ベトナムとの国境画定の条約に署名するに至った。ここから導き出される結論は明らかで、やや直観的に理解しにくいかもしれないが、他国との国境画定交渉といった狭い領域に限定されたものであったとしても、体制の安定を揺るがす国内の脅威が存在するときは、対外的に妥協を選択して軍事力の行使は避け、軍事力は国内問題の制圧に向ける、というものである。

一九六〇年代の終盤はチベットや新疆での深刻な事件が相次いだ。清の時代、チベットは藩部として帝国に組み込まれていた。この制度の下では、清の公的な存在は限られたものだった。しかし、一九五一年に人民解放軍が進軍することによってこの状態は終わった。中国政府はダライ・ラマに対し、行政面の自治を保障すると約束し、その代わりチベットが中華人民共和国に編入することに合意したのであった。ところが、チベットの民衆にとって、この協定は満足できる水準のものではなかった。一九五九年、チベットで反乱が勃発し、人民解放軍が大規模に介入するに至った。軍はチベットを管理下に入れ、ダライ・ラマはインドへの亡命を余儀なくされた。中国は反乱が国外の分子による支援を受けていたとし、CIAが関与した証拠を握ると、インド、ビルマ、ネパールとの国境の画定を進めようとした。こうして一九六〇年にビルマと、一九六三年にネパールと国境に関して合意に達した。インドとは問題がより複雑な状況であった（後述を参照）。同様に、一九六〇年に、中ソ対立により新疆で緊張が高まった（新疆地区のカザフ人がソ連へ移住した）ことにより、中国はアフガニスタン（一九六三年）、パキスタン（一九六三年）、モンゴル（一九六四年）と国境を画定することに合意したが、その内容は相手国に寛容なものであった。北朝鮮とも一九六二年に国境画定について合意に至っている。この国境は豆満江（図門江）と鴨緑江沿いで、白頭山（長白山）を分け合っているが、白頭山は金正日の出生地とされている。

天安門事件を経て、一九九〇年代になると、中国の国境画定は第二の高まりの時期を迎える。一九九〇年になるとすぐにラオスとの合意に署名した。ラオスはベトナムと地理的に近いこともあり、それまでの中国との関係は芳しいものではなかった。一九八九年は中ソの関係回復の年でもあった。ゴルバチョフ書記長は天安門広場がデモ隊で覆いつくされている最中に中国を訪問した。中ソは国境を巡って戦争状態に入りかけた関係であったが、国境交渉を一九九一年に開始した。国境問題の解決は二段階で行われた。まず一九九七年に平等原則に従って妥協点を見出し、次に二〇〇四年に、より扱いの難しい点について解決に至った。同様に、中国が国際的に孤立していることで、紛争の火種を多く抱えるベトナムとの関係を転換し、改善に向けている。中国がベトナムに対して最後に軍事行動を起こしたのは一九八八年にさかのぼる。中国海軍は南沙諸島（Spratly Islands）、赤瓜礁（South Johnson Reef）において、ベトナム兵へ攻撃を加えたのであった。ベトナムとの領土紛争は複数の次元にまたがる問題と言えた。なぜなら、中越は陸続きで国境を接しており、双方が南シナ海の島を自国領土と主張し、海上における国境についても問題になっていたからである。しかし、一九九一年に始まった交渉は最終的に合意に至り、一九九九年に署名した。

また、同じ時期、一九九〇年代に新疆において新たな問題が発生した。ソ連崩壊の影響を受けたものだった。中国は新しく生まれた三ヵ国と国境を画定させることが急務であった。各国のウイグル族住民が新疆地区独立を支持するのを避ける必要があったからである。中国が一九九四年にカザフスタンと、一九九六年にキルギスタンと、一九九九年にタジキスタンとそれぞれ国境に関する取り決めを結んだ内容から、二つの共通要素が明らかになる。つまり、中国は係争地において大幅な譲歩をしたことと、新疆に関する中国政府の政策について外交的な支持を取りつけたことであった。

## 2　最後に残った陸続きの国境と中印関係

一九六二年に中印間の紛争で、インドは中国に敗北したとは言え、その後両国は双方にとって重要な貿易相手国となり、ＢＲＩＣＳ（ブラジル、ロシア、インド、中国、南アフリカ）のなかで新興国の大国として指導的な地位を誇示している。しかし、インドは中国が国力を増してきていることに対し、依然として大きな不信感を持ち続けている。両国間ではいまだに国境は画定しておらず、インド側の警戒感を高めることになり、さらには、中国はパキスタンを支持し、中国海軍がインド洋に対する野心見せることで、インドは以前から中国を脅威とみなしてきた。一方、中国はインドをむしろそれほど攻撃力のない格下の国とみなし、インドの長期的な国力の上昇に疑問を持ち、インドが米国や日本、オーストラリアと結んだ戦略的な協力関係に不審を抱いた。

中印間の国境は中国にとって最後に残った未画定の地続きの国境である（この国境にはブータンとの国境も含まれるが、ブータンの外交はインドが実質的に肩代わりしている）。インドが実効支配するアルナーチャル・プラデーシュ州は、中国側の主張によればチベットに帰属している。一方、中国が実効支配するアクサイチンは、インド側からはカシミール地方に属すると見られている。毛沢東は一九六二年の中印紛争について、その目的は「十年間の安定」を創出することにあったと言っていたようだ。両国間の緊張は、実効支配線が暫定的な国境の役割を果たしたことで、管理可能な水準にとどまっている。中国軍は一九六二年に進軍したものの、その後はこの支配線まで引きさがった（なお、一時的な衝突はときどき報告されている）。現状では、一九八一年に始まった国境交渉が中期的に合意に向かうとは考えにくいものの、この問題を外交問題の水準にとどめておくことは可能のようだ。それでも国境に関して定期的に緊張が高まることは抑えがたい。再度緊迫した出来事は二〇二〇年で、中国の国境警備隊がヒマラヤ地帯で実効支配線を越え、二国間の平和維持協定や軍配備の管理協定に違反し、死者が出る衝突となった。中国側の目的は純粋に戦略的なものであった。つまり、軍事展開を強化し、米国との軍事協力関係を深めるインドに対する懲罰である。

一連の中印関係のなかで長らく周辺に位置していた国境問題が、二〇二〇年の中国の攻撃によって、再び中心的な存在に据えられた。中国は自国が米国に封じ込められていると感じている一方、インドも同様に、自国の安全保障政策が封じ込められたとの認識が反映されている。インドの場合は米国ではなく中国による封じ込めである。インドが力をつけることで、南アジアにおける近隣国に対するカウンター・バランスの戦略を有利に進めることになる。スリランカ、パキスタン、バングラデッシュはすべて中国の軍需産業の得意先である。こうしたなかでは、パキスタンと中国とのあいだの特別な友好関係は問題の核心をなす。両国は関係する問題でお互いに強く支持をしあう。中国はパキスタンが核大国になることを手助けする。そして、パキスタンがイスラム系テロ組織に対して支援していることを中国は非難しようとはしない。習近平のもと、中国は「中国・パキスタン経済回廊」というインフラ建設の巨大プロジェクトを立ちあげた。これによって新疆がパキスタンのグワダルを経てインド洋と結ばれることになる。一部の中国の戦略家のなかでは、中国が均衡状態を求め、パキスタンが対インドで弱くなりすぎるのを避けるために援助していると考えられている。中国はウイグルの独立運動と戦い、アフガニスタンも含めたイスラム系テロに関する情報を得るためにもパキスタンを必要としている。

中国・パキスタン経済回廊は将来的にグワダル港を経て、陸の絹の道と海の絹の道をつなげる役割を果たすべきものだった。インドはそこに、中国が南アジアとインド洋に非常に執拗にかつシステマティックに自国の影響力を強めようとしている行為を見た。中国は兵器の売却に加え、スリランカやバングラデッシュに対し、港湾インフラ建設に対する融資も行った。これらは、当初の目的が確かに経済や貿易といったものであったにせよ、理論上は、中国海軍の拠点として将来は役立つものである。もっとも、インド洋で中国とインドとの対立は存在するものの、過大に見てはならない。両国間の紛争がインド洋で起こったとして、中国海軍はこれだけ広大な地域で自国の商業船を保護できるほどの資力は持ちあわせていないであろう。中国がインド洋を支配下に置くことは難しい。一方で、中国が今より大きなプレゼンスを維持することに対しては意志が固い。自国の安全保障を脅かす問題が生じた場合、国力を投入するためで、具体的には、危機発生時に自国民の退避や戦艦による船舶の護衛など（第四章参照）が想定される。

## Ⅱ　中露関係の変転

中ソ友好同盟相互援助条約が締結される（一九五〇年二月）前の一九四九年六月三十日に、毛沢東は、ソ連、そして共産主義陣営の側に立ち、「片方のみに傾斜する」（一辺倒）ことを宣言した。しかし、二十年後の一九六九年三月にウスリー川の珍宝島（ダマンスキー島）にいたソ連の国境警備隊を中国人民解放軍の精鋭部隊が攻撃した。この軍事衝突によって、双方合わせて一〇〇人以上の死者が出た。当時、中国は自国の核施設がソ連の核兵器によって攻撃されることを恐れた。一九八〇年代は中ソ国境地帯にソ連は六〇万以上の兵士を配備した。中国とロシアとの関係が二十世紀は変化に富んでいると強調してみたところで、それは核心を突いた直接的な表現ではない。両極に振れていたとするのがより正確である。習近平とウラジーミル・プーチンの両首脳のもと、現在の両国は良好な関係となってはいるが、歴史に刻まれてきた猜疑心は拭い去られてはいない。二〇二二年にロシアがウクライナに対して開始した戦争に際して中国はロシア支持を表明したものの、幾つかの留保付きであった。

## 1　つかの間の同盟と中ソ決裂

百年のうちに中国はロシアと同盟条約を三つ結んだ。一八九六年に、清が日中間の最初の戦争に敗北したあと、李鴻章将軍はニコライ二世と密約を交わした。このなかで、中国が日本から新たな攻撃にさらされた時にロシアが援助を行うことを約束することと引き換えに、中国は満洲における鉄道の敷設権をロシアに譲渡した。しかし、五年も経たないうちに、義和団の乱を鎮めるための八ヵ国連合軍のなかに、ロシアは日本とともにいたのである。一九四五年八月に今度は国民党の中華民国が、日本の無条件降伏のたった一日前に、ソ連と中ソ友好同盟条約を結んだ。中国はこの条約によって大きな譲歩と引き換えに、安全を保障されることになったが、時をそれほど経ずして、破棄されることになる。その具体的な内容は、中国がすでにソ連の支配下に置かれている外モンゴルの独立を承認すること、遼東半島の旅順（旧ポート・アーサー）にソ連の海軍基地を建設することなどである。しかし、この中ソ同盟は、ソ連の方針転換によって形骸化する。ソ連は満洲に拠点を置いていた中国共産党の支持に回ったのである。このソ連の翻意は中国における国共内戦の転換点となった。つまり、これによって、共産党が勝利を収めることになる。

こうした前例はあるものの、最も大きな痕跡を残したものは、おそらく一九六〇年の中ソ関係の決裂であろう。これによって、中国復興に対してソ連が多大な支援をもたらした時期に終止符を打つことになる。結局、この決裂はイデオロギー上の強固な土台に根差したものであり、米国や資本主義陣営という明確な共通の敵との係り方によるものと思われる。中ソの蜜月ははじめからぎくしゃくしていたものの、十年続いた。毛沢東はモスクワに渡り、滞在期間は二ヵ月に及び、ようやくスターリンを説得して、中華民国とのあいだに結んだ条約を破棄させ、一九五〇年二月に新しい条約の締結に漕ぎつけた。この新条約である中ソ友好同盟相互援助条約によって、中国は社会主義陣営にしっかりと取りこまれた。中国側の希望とは裏腹に、新しい条約では、国民党が中国の東北部で譲歩したソ連の権益については、維持されることになった。毛沢東にとって、この失望感は非常に深く、その反動として、スターリンの不信感をものともせず、正統派のマルクス・レーニン主義からの独立と、コミンテルンへの従属の拒否を達成することになる。中国共産党にとっては、これは強引にもぎ取った成果であった。中ソ同盟によって、領土面で大きな優遇を認めた見返りに、中国はソ連から技術面で多大な援助を受けることになった。中国が経済復興を開始し、防衛産業と核関連産業の基礎を築いたのは、この一九五〇年代である。

スターリンが一九五三年に亡くなると、毛沢東が社会主義陣営における精神的な「指導者」として振る舞おうとしたことで、中ソ間に亀裂が走った。毛沢東はそれまでスターリンから押しつけられていた従属的な関係を不承不承受け入れていた。フルシチョフ時代になったことで、旅順を中国の主権下に取り戻すなど、中国はスターリンが拒否していた譲歩を勝ちえた。しかしソ連指導部は、一九五六年のソ連共産党第二十回大会でスターリン批判によって「脱スターリン化」を進め、中国への強硬な姿勢が加速した。個別の案件を巡って対立が生じ、中国の戦略的自立を危うくする結果に至った。つまり以下のようなさまざまな事象が発生したのである。ソ連は自国の潜水艦の航行を助けるために中国沿岸に無線基地局を設置するように要求し、中ソ共同の潜水艦部隊の創設を提案した〔訳注：無線基地局の設置や潜水艦部隊の創設について、ソ連はいずれも共同出資を提案した。自国領土にある軍事施設を共同所有することで使用が制限されることは、中国にとって主権侵害であり、他国との軍隊の共同所有もあり得なかった」。一九五八年に中国が台湾海峡で新たな危機を発生させたことに対し、ソ連が軽率であると批判した。また中国の核兵器開発への支持を一九六〇年にソ連は撤回した。このような過程で、双方の不満は蓄積し、イデオロギー対立も続いた。ソ連は毛沢東の進める大躍進政策を非生産的な異端なものとみなしていた一方で、毛沢東はこの政策を中国が社会主義から共産主義への移行を早めてソ連の先を行く非常に革新的なものとして構想したのだった。フルシチョフは一九六〇年七月にソ連の技術者をすべて中国から呼び戻すと、毛沢東は飢饉によって何百万人もの犠牲者を出した政策の失敗の責任をソ連に押しつけた。毛沢東はソ連に「修正主義者」のレッテルを貼り、両国間の関係は、一九六九年に国境で軍事衝突に発展するまで悪化する。

中国がロシアと結んだ三つの同盟は、中国が弱体であったために必要としたものであった。海外からの脅威に対して自国の安全保障を確保し、国を再生するための原動力になるものを求めた。百年のあいだに中国とロシアとの関係が不安定に揺れ動くなか、中国にとって是が非でも手に入れなくてはいけないものはつねに主権の独立であった。もっとも、一九九〇年代の終わりに、中国の国力が盤石になってくると、ロシアとの関係において中心に据えるべきものはほかのものに変わっていった。

## 2　強化された中露枢軸

中国から見れば、現在、ロシアは大事な同盟相手となっている。二〇二二年二月二十四日にロシアがウクライナに侵攻する直前、習近平はロシアに対する中国の「限界のない」友情を確認した。これは北京で発表された共同声明で示されたもので、同じような帝国主義的で修正主義的な野心を持つ二国間の戦略の収斂度合いの強さを強調するものだった。

ロシアと再び同盟条約を締結することについての支持者は影響力があっても孤立している少数派であって、中国国内では戦略的パートナーシップで十分という見方が支配的である。戦略的パートナーシップであれば、二国間で国益が対立する分野は避けながら、意見の一致する共通の問題で関係を深めることができる。一九八九年に関係が改善してから、中国はロシアから重要な三分野について大きな支援を得ている。つまり、エネルギー安全保障、防衛力の強化、中央アジアの安定維持である。

このように中露間の関係が進展したのは、とりわけ、現在は共通したイデオロギー上の基盤を保有していることに由来する。冷戦が終結したあと、世界の民主化を進める米国やヨーロッパからの支援を受けることを、ともに放棄した。市民社会を支持し、民主化や人権の尊重を推進する圧力にさらされ、非政府組織によって国土を侵食されていると感じた中国とロシアは距離を縮め、この非常に危険とみなす傾向に対抗することになった。習近平とウラジーミル・プーチンがそれぞれの国で権力を握ってから、両国間のなかでこの問題は優先事項となった。

中国とロシアはアラブの春に関しても共通した見方をしている。つまり、中東でアラブの春以降に起こった混乱状況は、西側の思慮に欠けた、さらに言えば悪意のこもった、民主化政策の結果であり、崩壊した権威主義体制自体の社会内部における変化の帰結ではなかった。二〇一六年六月に両国は共同声明に署名し、「グローバルな戦略的安定性を支持する」とした。「戦略的安定性」とは通常、核兵器の均衡状態に言及する概念であるものの、民主化推進に抵抗することにも援用された。民主化に対する抵抗は、まず中国国内で開始した。海外の非政府組織の活動を大幅に制限する法律を採用した。そして、ロシアとともに、西側の自由主義の介入による世界の不安定化、という見方を広めた。同じ一九八九年に、中国が天安門広場でデモ隊を鎮圧して自由化路線を中断した一方で、ロシアは自由化に舵を切ったが、両国はこうして現在、波長を合わせることができている。「西側の新介入主義」に対する戦いを優先事項に掲げる中国共産党にとって、ロシアは大きな援軍となった。

中露間でイデオロギーが収斂してきたことによって、一九九〇年代に両国を接近させる原動力になり、二〇〇五年にピークを迎えていたものを、二〇一〇年代の初めには再度勢いづかせたことがある。それは、兵器の売却である。米中接近以降、一九八〇年代に中国は西側の兵器が大量に流れ込んできていたものの、一九八九年の天安門事件での武力鎮圧を受けて、米国とヨーロッパ各国は中国に対して武器の禁輸を実施していた。このため、中国は兵器の近代化を確保するために、新たな供給元を必要としていたのである。ストックホルム国際平和研究所（ＳＩＰＲＩ）の推計によると、二〇一七年から二〇二一年のあいだで、人民解放軍が海外から調達した兵器の八一％がロシアから来ている。〔一九九〇年代から二〇〇五年までの時期における軍事交流では〕駆逐艦、潜水艦、それに付随する兵器を中国は買っていたことで、ロシアの軍需産業から新たな戦闘艦隊の建造を許可された。またロシアの軍需産業のおかげで、ライセンス生産の契約のもと、中国空軍は近代的な戦闘機（スホイ二七とスホイ三〇）の装備が可能となった。ロシア製兵器を購入することによって、人民解放軍はミサイルの近代化も果たした。さらに、一九五〇年代のソ連のように、ロシアは技術移転により、中国の防衛産業の近代化にも貢献した。その結果、二〇〇五年にこうした動きにロシアはついにブレーキをかけた。なぜなら、兵器の輸出市場で将来の競争相手を利することに気がついたからだった。

習近平とウラジーミル・プーチンの強固な関係によって、こうしたロシアの慎重な姿勢は消えていった。二つの要因が両国をイデオロギー上で接近させることになった。まずは、ロシアが孤立していたことである。ウクライナに対し、クリミア半島を併合し、東部においてはハイブリッド戦争を仕掛け、国際的に制裁を受けていた。もう一つの要因は、両国の指導者のあいだで響き合う反応である。習近平はソ連の崩壊に関して、「とても男らしい」共産党指導者が統治していなかったことを嘆いたのではなかったか？ ウラジーミル・プーチンは海外からの干渉に抵抗する存在であり、ロシアを再び世界の地政学の表舞台に復帰させた立て役者であった。こうした背景から、ロシアは兵器の売却を再開し、人民解放軍に対する重要な兵器システムの移転も受け入れた。中国国内の軍需産業は進歩していたものの、依然として海外からの支援を必要としていたのである。スホイ三五戦闘機やS−四〇〇地対空ミサイルシステムの引き渡しに関して契約が交わされた。同時に軍事関係も深まった。さらに、対テロや海上で定期的な共同軍事演習が実施され、二〇一五年には両国首脳は互いの軍事パレードの時に支持を確認しあった。つまり、モスクワで開かれた第七十回対独戦勝記念日のロシアの軍事パレードと、北京で開かれた第七十回抗日戦争勝利記念日における中国の軍事パレードに相互に出席したのである。そこには誰一人として西側の指導者の姿はなかった。

しかし、中露間の友情が新たな頂点に達したのは、ロシアがウクライナに侵攻したときであった。もっとも、それは同時に、以後は上昇することのない高原状態に姿を変える可能性もあり得た。「特別軍事作戦」がＮＡＴＯの東方拡大によって必要となり、その契機となったのであり、安全保障の観点から正当化されるというロシア側の主張を広めることによって、中国はロシアに対して貴重な政策上の支持をもたらした。他方で、中国はロシアに対して軍事物資の供給には至っていない。ロシアは必要としているものの、ロシアが制裁の対象になっているものには慎重な姿勢を示し、制裁に違反することで高価な代償を払うリスクを取るという中国のイメージを汚すようなことを中国企業が犯すことを防いでいる。背景には、ロシアの戦争が国際秩序の再定義につながる重要な事態であると中国が認識しているからであろう。中国は慎重に、自国の利益を中心に置き、紛争の結果によって左右されないようにしている。

地政学上の観点からは、中国はロシアを、ソ連崩壊後に五つの共和国が独立した中央アジアの安定にとって重要なパートナーと位置づけている。一九九六年に中露は、トルクメニスタンを除くキルギスタン、カザフスタン、ウズベキスタン、タジキスタンの四ヵ国を自陣営に取りこみ、その後、上海協力機構（ＯＣＳ）を組織した。上海協力機構は発足当初から安全保障を中心課題とした。つまり、イスラム原理主義によるテロのリスクに取り組むことで、中国は新疆の独立主義者とイスラム原理主義とのつながりを警戒していた。上海協力機構は国境管理や情報交換を強化し、共同軍事演習の枠組みも作った。しかし、中国が手を尽くしているものの、経済発展を促進するような組織にはなっていない。ロシアが、ソ連崩壊後に自国の裏庭ともいうべき地域での影響力の喪失を懸念して、反対しているからである。こうした基本的な見解の相違はあるものの、上海協力機構は地政学上、両国の緩衝地帯として機能しており、中国とロシアが戦略的に対立する可能性を抑え、中立化している。

しかし、上海協力機構は同盟といった性格のものではない。構成国はテロのリスクにさらされた広大な地域における安全保障を確保する目的で、互いの努力を協調させる手段として使っているにすぎない。二〇一〇年にキルギスタンのように、問題が生じた場合でも、構成国に対して介入するようなことはけっしてない。将来的にはテロ対策における協調から構成国における共同作戦といったことが可能になるかもしれない。しかしそれはきわめて限られたもので、当事国の要請が必要になる。ヨーロッパのような主権の共有といった考えはまったく受け入れられない。上海協力機構自体、その性格を変化させている。二〇一七年にインドとパキスタンを正式な加盟国として迎えいれた。対立関係にある核保有国同士を加盟させたことで、上海協力機構の運営方法も対応せざるを得ない。結果として、中国はテロ対策に関して組織の対応力を強化する提案をすでに行っている。

中露関係は一九五〇年以来、両極に振れるような大きな変化を経てきた。今日、力関係は逆転し、世界二位の経済大国になった中国に傾き、ロシアの国内総生産はイタリアを下回る水準となった。二〇二〇年には、中露間の貿易において、ロシアの貿易のなかで中国は一八％を占めるのに対し、中国の貿易のなかでロシアの占める割合は二％にすぎない。こうした不均衡はこれから拡大するであろうが、ロシアとの協力関係は中国にとって地政学上の重要なポイントであり続けるであろう。

## III 朝鮮半島——陸と海のはざま

地政学を分析する多くの研究者が、北朝鮮は中国の安全保障にとって緩衝国であるとする。人民解放軍は一九五〇年末に朝鮮戦争に参戦し、金日成を援護するために一八万もの兵を失った。朝鮮半島は明らかに中国にとって戦略的な弱みとなっている。とくに海外の敵対国による支配を食い止める必要があるのだ。朝鮮戦争の前には、一八九四年に日本が朝鮮を併合するのを避けるために清は戦争を行っているではないか？　そして明は十六世紀末に同様な対処をしているではないか？　歴史上絶えず同じようなことが起こってはいるものの、地政学上、現在は新しい二つの要素が加わった。一つは中国経済のグローバル化で、これによって昔の敵が今の貿易相手国（韓国、米国、日本）になっている。もう一つは北朝鮮の核開発計画である。北朝鮮はあらゆる法規範を破り、中国は国連の安全保障理事会の常任理事国として責任の矢面に立たされる一方、北朝鮮に対してどの程度影響力が残っているのかを問われている。朝鮮半島で繰りかえし緊張が高まり、戦争のリスクに直面するなか、朝鮮半島の安定化に向けてある程度は中国の役割の重要性が認められている。そして、中国は朝鮮半島での新たな戦争はなんとしても避けたいと願っている。

## 1　朝鮮戦争の遺産

「米国に抵抗し朝鮮を助ける戦争」（抗美援朝戦争）というのは中国語で朝鮮戦争を意味するもので、現代の中国の安全保障の環境を作るにあたって決定的な時期であった。金日成は一九五〇年六月二十五日に南に侵攻を開始した。これによって直ちに中国にもたらされたのは、台湾の喪失であった。当時、トルーマン政権が蔣介石を見限ろうとしていたところで、毛沢東は陸海両面で台湾に攻撃を仕掛ける命令を出す準備をしていた。ところが、〔戦争の勃発で〕米国が態度を豹変した。米国は第七艦隊を進駐させ、台湾海峡を中立化する決定を下し、朝鮮半島に集中しようとした。そして、朝鮮戦争の第二の帰結は、以後、たとえ血が流されることになっても、成立して間もない中華人民共和国が安全保障上の利権を断固として確保する意思があることを、中国人民及び世界中が知ることになったことである。中国は核戦力を保有する大国に立ち向かい、ソ連が支援をする保証がないなか戦争に突入した。ソ連政府は中国に介入を勧めてはいたが、スターリンは躊躇していた。米国との戦闘拡大が制御不能な状態になるのを恐れて、中国軍が必要としていた空軍による援護を決断するのに時間がかかっていた。危険を顧みずに毛沢東が参戦を決めたことで、中国は冷戦の主要な戦略的プレーヤーとして名を連ねた。最終的には、朝鮮戦争は中国にとってつねに問題を提起する存在になる。休戦により朝鮮が二つに分かれた状態が永遠とは言えない以上、北東アジアの安定した秩序を保証する安全をどう整備するかは将来の問題として残ったのである。

毛沢東が参戦を決断したときは、共産主義の旗のもとに朝鮮半島を統一することを目的としていた。少なくとも、明や清のように、米国が朝鮮半島を支配するような事態はなんとしても避けたかった。もしそのような事態になれば、中国の安全保障にとっては破滅的であり、共産主義運動全体が危険にさらされることになる。毛沢東が参戦の目標としていたことは達成されず、一九五三年の休戦によって朝鮮半島の二ヵ国間で「現状維持」が確立した。しかし、二次的な目標は達成された。つまり、資本主義陣営は朝鮮半島において中国と国境を接することにはならなかったからだ。

朝鮮戦争のあとは、ソ連と同様に、中国は金日成の体制を支えることになる。こうした支援のおかげで、北朝鮮は国民一人当たりの所得や電力生産などの経済面で、一九八〇年代の初めまで韓国と肩を並べていた。しかし、冷戦の終結によって、北朝鮮の経済は急速に悪化する。一九九二年に中国は韓国と外交関係を結ぶ。そして、ロシアと同様に北朝鮮に対する支援プログラムを中断することになる。冷戦中に築かれていた連帯関係が途切れたことで、北朝鮮の経済は内部崩壊し、一九九五年から一九九八年は飢饉に見舞われる。その後、二〇〇〇年代以降は、豊かになった中国は北朝鮮に対して、改革や開放経済などの中国モデルを採用するように影響力を行使したものの、失敗に終わった。

このように朝鮮半島における外交や経済の次元が変化しているにもかかわらず、中国の戦略的な思考経路は変わらなかった。朝鮮半島が統一されて米国と同盟を結ぶようなことがあれば、中国の安全保障にとって脅威となるということである。韓国は中国にとって主要な経済的なパートナーとなったものの、中国は朝鮮半島から米軍を追い出したかった。もっとも、実際は、中国が外交的にこうした目標を追い求めることはほとんどなかった。北朝鮮が他国にとって脅威となっている以上、それは現実的ではなかったからだ。こうして中国は、当面は「現状維持」がましであるとして受け入れることになった。

## 2　北朝鮮が核保有国になった朝鮮半島の地政学

北朝鮮が核開発を追い求めたことで、中国は朝鮮戦争のすべての当事国が解放されるような解決策を模索するのではなく、絶えず引きおこされる危機状況をいかに管理するかに集中せざるを得なかった。北朝鮮は金正日のもとで初期段階の核実験を二度（二〇〇六年と二〇〇九年）実施した。そして、金正恩のもとではすでに三度（二〇一三年に一度、二〇一六年に二度）実施している。さらに核兵器の運搬手段の開発を加速し、短距離の射程から大陸間に至る弾道ミサイルの開発を進め、さらには最近、潜水艦発射弾道ミサイルの開発に着手する決定を下した。もし成功するようであれば、北朝鮮にとってはこれまでにない技術上の成功となるであろう。これに比して、中国も同じ目標に向かい、北朝鮮よりずっと進んでいるにしても、まだ信頼性の高い潜水艦発射弾道ミサイルの開発に至っていない。国際的に制裁が科されようが、北朝鮮に残る選択肢は、大きな緊張関係を引きおこし続けているにもかかわらず、核保有国として開発計画を進めて行くことであった。

中国は当初、北朝鮮が核開発をすることに正当性を認める傾向があった。中国自身が米国による原子爆弾投下の脅威を前にして、核開発計画を加速させたのではなかったか？ 米国の脅威を前にしていかに生き残る手段を見つけるかは、人民解放軍も自身の過去を振りかえれば理解できる目標であった。もっとも、この初期の態度と比べて、中国の認識の仕方や政策は大きく変化する。二〇〇三年に北朝鮮が核拡散防止条約から脱退し、その後核実験を繰りかえしたことが、政策を「適合させる」うえで決定的な要因となった。中国の外交における中心命題を踏みにじることになったからである。つまり、北東アジアにおける安定の追及を阻害したのだ。そして、北朝鮮軍が混乱を引きおこし、最終的に北朝鮮の体制が崩壊に至る事態を危惧した。そうなれば、中国に北朝鮮の国民がなだれ込み、中国にとって経済的、政治的コストが途方もないものになる可能性があった。

北朝鮮の核開発が引きおこした危機によって、中国は二つの点で変更を余儀なくされた。まずは、中国が仲介外交を展開することになった。二〇〇三年八月に初めての六ヵ国協議が北京で開催された。参加国は北朝鮮と韓国、そして米国、中国、日本、ロシアで、議題は複雑なものであった。北朝鮮に関して、安全保障、経済発展の支援、外交的認知、検証可能な核軍縮といったもののなかから均衡点を見つけようという試みである。当時、北朝鮮の非核化は議論の中心ではなく、むしろ核の不拡散に力点が置かれていた（二〇〇六年十月に北朝鮮が最初の核実験を実施したことで意味合いが変わった）。六ヵ国協議は二〇〇九年に中断されるまでに、六回、北京で開催された。二〇〇七年に六ヵ国は一つの合意に達した。この時の共同声明のなかでは、北朝鮮がプルトニウム生産施設の停止・封印の見返りとしてエネルギー支援を得ることになっていた。

しかし、こうした外交的努力は失敗に帰す。北朝鮮は核計画を、外交的認知や安全保障、開発援助といったものに対する取引材料と考えていたとしても、二〇〇六年に初めて核実験を実施するとすぐに、そうではないと世界から認識されるようになった。北朝鮮は核計画を進めるための時間を稼ごうとした。核計画は体制の存続に必要な抑止力と考えていたのである。金正恩が父親から最高指導者の地位を引き継ぐと、朝鮮民主主義人民共和国憲法に核保有国としての地位を明記したため、北朝鮮の姿勢に疑問を持つ必要はなくなった。非核化が多国間協議の目標としては非現実的であるとの明確なサインが出ているにもかかわらず、中国は安定化の環境を作り出すために、交渉プロセスが再起動すれば、非核化に関しての合意は可能であるとの立場を取った。そのプロセスとは、初めは中間的な合意の形を取り、米韓の共同軍事演習の規模を中止もしくは大幅に縮小するのと引き換えに、北朝鮮が核や弾道ミサイル計画を凍結することが想定された。毎年、三月や四月には、米韓共同軍事演習に反発した北朝鮮が弾道ミサイル発射実験など次々と威嚇を繰りかえしていたのであった。

第二の中国外交の変更点は北朝鮮に対する制裁に関する態度に現れた。帝国主義に抵抗する発展途上国といった伝統的な立場から、中国は制裁に反対していた。中国も一九八九年の天安門事件の武力鎮圧によって多くの死者を出したことで制裁を受ける身だった（中国は依然として西側諸国からハイテク製品の輸出制限や兵器の禁輸といった制裁を受けていた）。また、一九八〇年代には中国自身もミサイル技術を急速に高めていたことで警戒もされた。しかし、国連安全保障理事会の常任理事国として、そして二〇〇〇年代には大国としての地位がよりはっきりと確立されてきたことで、その振る舞い自体も変えなくてはならなかった。北朝鮮の問題によって、この変化は加速された。北朝鮮が核実験やミサイル発射実験をするたびに制裁を採択する安全保障理事会の決議について、中国は北朝鮮のために手加減を加えようとしているとして非難された。そして、決議の実行が甘いとして、やはり非難された。しかし、五回目の核実験のあと、中国は膨大な制裁リストを受け入れた。そこには、レア・アースや石炭の輸出に関する非常に厳しい制限、加えて、武器の禁輸、資産凍結、渡航禁止などの項目が含まれていた。北朝鮮への圧力は、次第に安全保障理事会の制裁に基づくようになっていった。金正日時代のような二国間外交は金正恩に代わってからは廃れて行き、再開するのは暫くたってからのことである。

実際、新しい交流関係が始まるのは二〇一八年になってからであった。北朝鮮と韓国の二国間で外交が再開すると、北朝鮮の「指導者」と米国政府との首脳会談の見通しが浮上してきたことで、中国は新たな戦術的調整を行った。二〇一八年と二〇一九年を通して金正恩と習近平は五度会談している。中国は北朝鮮に対して外交的に歩みよることを促し、制裁措置を緩めた。もっとも、国連で制裁措置の解除を提起するようなことはなかった。中国は朝鮮半島における緊張緩和の機会を探っていたのである。

全体を通してみると、中国にとって北朝鮮の存在は同盟国から解決不能な問題児へと立場を変えていった。しかし、体制の変換を望むことはなく、理論上可能なすべての圧力をかけたわけでもなかった。国境の閉鎖や原油の輸出を止めることもできた。しかし、何を優先させるかは明らかだった。つまり、戦争を起こさない、混乱を起こさない、核兵器を置かない（不戦、不乱、無核）である。このため、核拡散の危機を受け入れ、それによって自国の利益も脅かされたが、引き換えに脆い平和の維持を得ることになる。

## Ⅳ　新しい絹の道？

二〇一三年九月、習近平はカザフスタンのアスタナで、中央アジアを横切る陸の絹の道を再興するプロジェクトを発表した。二〇一三年十月にはインドネシアでもう一つのプロジェクトを提案した。海の絹の道を作ることである。この二つのプロジェクトはやがて英語では Belt and road initiative の頭文字を取ってＢＲＩと呼ばれるようになる（「一つの陸の帯ともう一つの海の路」。つまり、中国語の一帯一路となる）。このプロジェクトは中国の外交政策のなかで優先順位の高いものとなり、世界中の政府やメディアの注目を集めることになる。その信頼性に疑問を持ちつつも、中国資本を引きつけようと考える機会になった。

コロナ禍により、中国本土での人の国際交流は政府によって閉ざされ停滞したものの、ユーラシア大陸全体を包みこみ海路をつなげるこのプロジェクトは、その規模によって世界を驚かし、中国はＢＲＩの名のもとに直接投資を続けた。二〇二一年で累計の投資額は二兆三一〇〇億米ドルにのぼり、関係国は五七ヵ国に達した。また、二〇二一年にこうした国々が新たに中国企業と契約したプロジェクトは、内容的にはおもにインフラ整備で、金額にして一三四四億米ドルとなった。二〇一七年にダボスで習近平が唱えた「ともに世界の発展を促す」イニシアティヴや「共通の利益」へ貢献するといったビジョンは、二〇二二年の中国外交において前面に出てくることはなく、むしろこうした一帯一路によるプロジェクトは、発展をとげる世界において中国の政治的影響力を強めることになった。このプロジェクトによって、港湾や高速道路、鉄道（中国の高速鉄道の技術輸出も含まれる）など輸送インフラや、火力発電、水力発電、将来的には原子力発電などエネルギーインフラの整備が推進された。

こうした中国のインフラ輸出の方向性が示されたことで、米国やヨーロッパ、日本などが対抗する姿勢を示したものの、なかなか実現はしなかった。もっとも、例外的に日本はすでにASEAN各国に対して中国以上に投資していた。投資を求めるインド太平洋地域において、中国の影響力が強まるなか、それに代わる信頼を得られる提案をできる余力は限られ、中国を慌てさせるほどのものではなかった。しかし、西側諸国にとっては急ぐ必要があるとの認識を強くした。

習近平が率いる中国にとって、一帯一路は経済発展の新しい段階に応えるものであった。中国国営の大企業は国内に過剰な生産能力を持て余しており、さらに海外へ進出する必要があった。一帯一路によって、中国企業はターゲットにした国に積極的に投資をし、政府の支援を受けながらインフラ建設やエネルギー設備の整備を進めた。中国はさらに高度な技術を必要とするセクターで世界的なトップ企業を作ろうとした。国内市場を利用して、技術面で突破口を開き、世界的に競争の激しい、原子力やテレコミュニケーション、高速鉄道といった分野に進出した。貿易黒字をつねに稼ぎ出し、国内の貯蓄率も高いことから、世界の国々に投資する資本力は膨大であった。一帯一路によって、中国の金融機関もまたその影響力を世界に広げることが可能となった。

もっとも、中国にとって一帯一路における狙いは経済的なものだけではなかった。この習近平のプロジェクトは地政学的な高度な分析に基づいたものだった。こうした発想の出発点は、東アジアの地政学における新たな依存関係である。三十年以上にわたる改革で、中国は日本、韓国、台湾、東南アジアとの関係を通じて今日の繁栄を築いてきた。しかし、この地域では米国との構造的な対立関係にさらされるようになる。まだ海上の国境は画定しておらず、未解決の領土問題などによって関係がさらに悪化した。北京大学の王緝思は新しい絹の道の構想を進言し、新しい絹の道によって中国の地政学上における東アジアや周辺海域問題の相対的な重要度を引き下げることができると考えた。中国の外交は、手強く、大国間の競争にさらされている地域に精力をつぎ込む代わりに、構造的な対立が弱い地域においてより自由な活動領域を見出すことができた。

習近平にとっては、中国の歴代王朝の神話的な偉大さを取り戻し、アジアだけに縛られない、世界規模での中国の地政学を考えることが重要であった。グローバル化や「コネクティヴィティ」の時代において、古代の絹の道を復活させることは、成功の代償として中国に課せられる新たな重荷から逃れる道でもあった。なぜなら、中国の台頭によって東アジアの戦略的緊張が高まってしまっていたからだ。もっとも、新しい絹の道は新しい緊張関係を生むことになった。米国や日本を初めとして西側諸国は一帯一路によって中国が影響力を強め、発展途上国に対し融資を通じて従属関係を作り出し、支配しようとしていると見た。こうして、アジアにおける米国との対立を回避しようとしたイニシアティヴは時を経ずして、東アジアより軍事的な側面は弱いものの、世界規模での対立関係を形成するに至った。

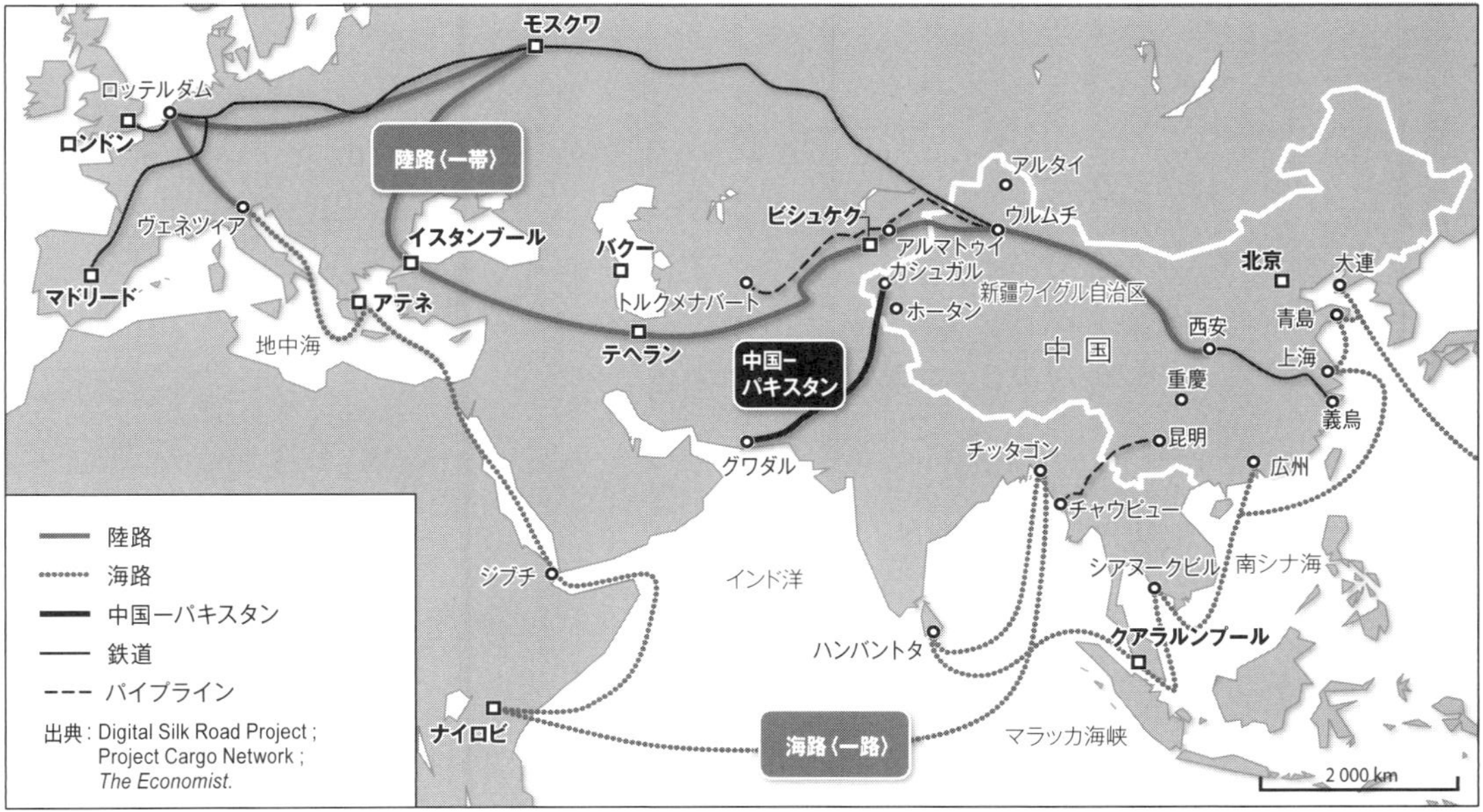
モスクワ
ロッテルダム
ロンドン
陸路〈一帯〉
ヴェネツィア
イスタンブール
バクー
ビシュケク
アルタイ
ウルムチ
アルマトゥイ
カシュガル
新疆ウイグル自治区
北京
大連
マドリード
アテネ
トルクメナバート
ホータン
西安
青島
地中海
テヘラン
中国－
パキスタン
中 国
上海
重慶
義烏
昆明
グワダル
チッタゴン
広州
チャウピュー
陸路
海路
中国－パキスタン
鉄道
パイプライン
出典 : Digital Silk Road Project ;
Project Cargo Network ;
The Economist.
ジブチ
インド洋
シアヌークビル
南シナ海
ハンバントタ
クアラルンプール
ナイロビ
海路〈一路〉
マラッカ海峡
2 000 km

図1　新しい絹の道

# 第三章　海洋における国境の政策転換

習近平が新しい絹の道のプロジェクトを立ちあげたことで、ユーラシア大陸と〔アジアの〕陸地における中国の地政学にどのような方向性を持たせるかについて、再び活発な動きがみられるようになった。しかしながら、二十一世紀になった現在となっては、中国の陸地における地政学上の推移は、二十世紀から引き継いだ遺物のような存在に見えてしまう。それほどに中国は海上、より正確には最初の段階では東アジアの海上に向けて地政学上の歩みを進めている。鄧小平が望んだ開放・改革によって中国は経済力をつけたなか、開発が進んだのは、おもに東部の沿岸地域であった。中国は周辺海域に位置する資本主義経済に目を向けた。つまり、日本、香港、台湾、韓国、シンガポール、そして東南アジアの華僑の存在である。そして米国や西欧から資本を引きつけ、中国東部に開かれた大きな港に資金をつぎ込み、海路を使って中国の製品を輸出した。上海がコスモポリタン的な経済の中心都市として再興したことはその象徴である。中国共産党からは無視され、さらには罰せられたこともある上海は現在、コンテナーの取扱い数では世界最大の港湾都市となった。

こうした地経学的な事実に、中国の安全保障上の優先事項が加わってくる。東アジアでは海洋の国境が画定していないのである。主権を巡って、台湾、東シナ海、南シナ海と三領域で紛争を抱える。紛争の度合いは年ごとに異なり、台湾、日本、ベトナム、フィリピン、そしてとりわけ米国との関係を反映している。そして、こうした紛争は休止することも凍結されることもない。つねに動きがあり、混乱が助長される実際的なリスクを抱えている。中国側からすれば、アジアの海洋における地政学は、十九世紀や二十世紀に帝国主義列強諸国に海から侵略を受けた記憶に基づき、海上では大きな弱みを持つとの認識がある。したがって、現在でも日米の海軍に対する中国の見方はこうした考えの上に成りたっている。

同時に、中国の海洋における地政学は東アジアにとどまるものではない。二〇一二年に中国共産党は「海洋強国」（建設海洋強国）になることを公式の目標として据えた。こうした海洋地政学上の転換は、アジアを越えて中国の国力を展開できるような一線級の海軍を建設するにあたって、莫大な投資を行うことに基づいている。これは現在、中国がグローバルに発展するのを支えるために必要であり、米国がアジアで築いた同盟関係、とくに日本との同盟関係から来る戦略的圧力に対抗するためでもあった。東アジアの海域において戦略的に十分に足場を築いたところで、グローバル化した中国は二十一世紀において、自国の経済発展にさらに勢いをつけるため、世界の大海において真の海洋基軸を打ちたてようとしている。

## Ⅰ　台湾という重石

一九一一年、清朝に終止符を打った辛亥革命の後に成立した中華民国は台湾で生きのびた。蔣介石は中国大陸で共産党との戦いに敗れ、一九四九年に軍隊とともに台湾に逃れたのであった。国民党は権威主義的な手法と米国の支援を受けて奇跡的な経済発展を実現した。一九八〇年代末以降、体制の民主化に伴い、台湾では政治的主体性が芽生え、独立の動きが出てきた。中国はこの動きを自国の安全保障を脅かす深刻なものとみなし、「台湾問題」は根本的に変化した。米国が中華人民共和国との国交を樹立したことで、台湾との外交関係は断絶したが、台湾関係法（一九七九年）によって米国が台湾の安全を保障し、平和と今にも崩れそうな「現状維持」を可能にした。しかし、台湾と「台湾海峡両岸関係」は中国が安全保障の環境を読み

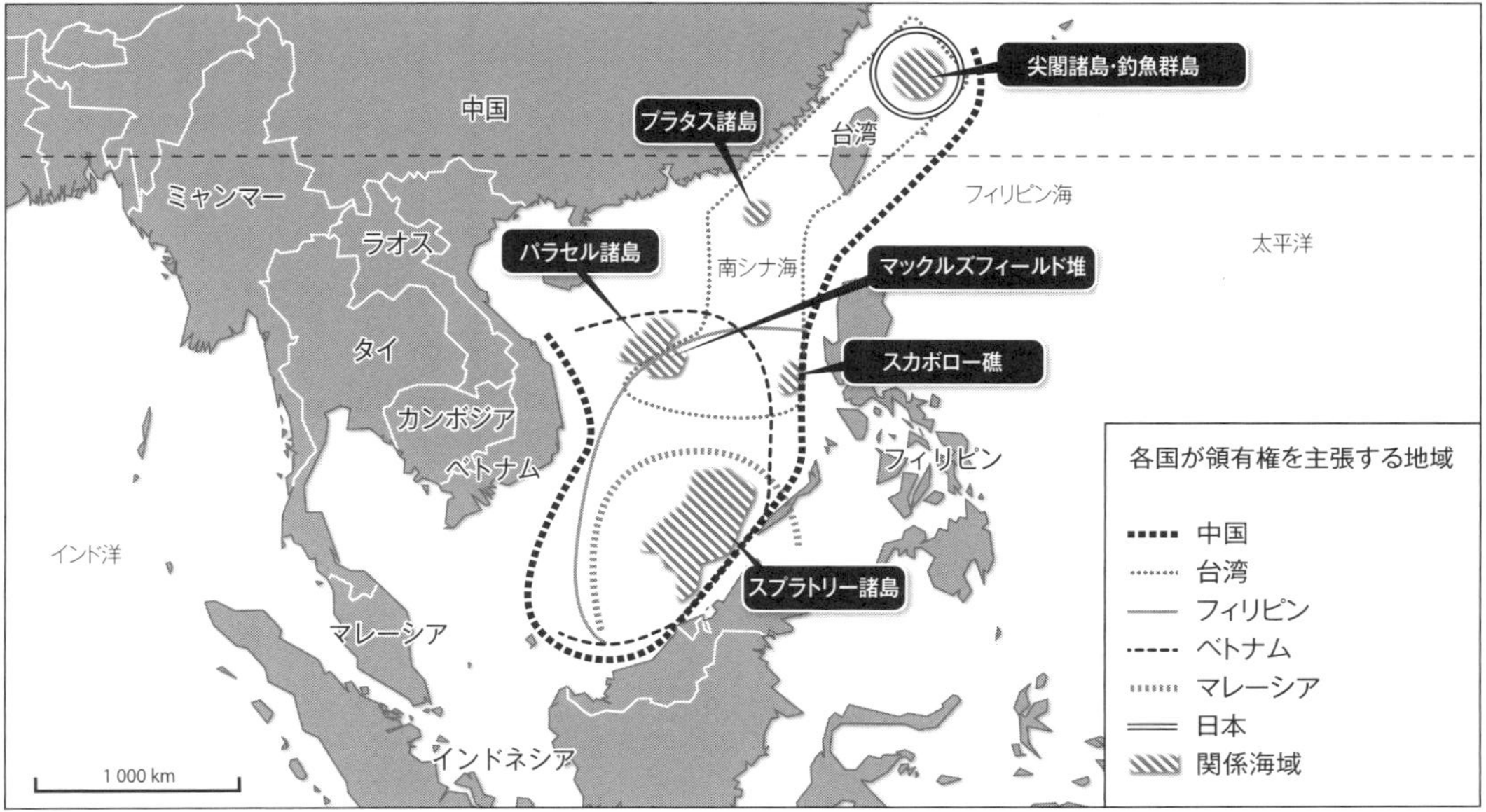


図2　第一列島線内で中国が抱える領有権問題

解くうえで、主要な分析手段となっている。つまり、米国が中国の台頭に関してどんな意思を持っているか測るのである。台湾は中国にとって、アジアやその先に自国の勢力を伸ばすにあたって重石となっており、つねに米国の敵対心にその野心を阻まれるのである。

## 1 中国の地政学の重心

中国当局者が意味する「台湾問題」の解決は、最も優先順位が高く、中華人民共和国の一九八二年憲法に明記された。中台統一に関する政策内容は大きく変わって来たものの、台湾の地位に関する中華人民共和国の立場は一九四九年十月一日の建国以来まったく変化していない。中華人民共和国の指導者たちによれば、中国の唯一の合法的な政府として中華民国の跡を継いだのが中華人民共和国である。こうして台湾に撤退した体制の抵抗線は、中国共産党の権威のもとで中国領土全体を統一するにあたって最後の国境線となった。中国は「二つの中国」（台湾に国共内戦を継承する体制が生き残っていることを意味する）の枠組みに反対してきた。また同様に、「別々の国としての中国と台湾」（台湾の独立派が望むような台湾共和国が成立することを意味する）という形も認めていない。今日中国は、鄧小平が香港の返還交渉で考え出した「一国二制度」のような形で「平和的な再統一」を提案している。もっとも、習近平は香港を中華人民共和国に吸収しようとする〔一国二制度のような〕アプローチを放棄したため、台湾に対するこうした提案は信頼度が低下している。

ところで、中国が台湾に対してどのように抵抗するかは、その内容が本質的に変化した。これは台湾の民主化と一九九〇年代を通じて国力の差が大きく変化した結果である。現在中華民国はもはや、中国の合法的な政府として国際的な認知を求める競争相手としては取るに足らない存在になった。一九七一年はまだ中華民国が国連の安全保障理事会で代表権を維持しており、西側の大部分の国から認知されていた。資本主義の大国のなかではド・ゴール将軍率いるフランスだけが戦略的独立性を明確にするために、早くも一九六四年に中華民国と外交関係を断絶し、中華人民共和国を承認した。今日、台湾と正式な外交関係を保っているのは一七ヵ国にすぎない〔訳注：二〇二四年一月に太平洋の島嶼国ナウルが台湾と断交して一二ヵ国まで減少した。中国は台湾と外交関係にある国に絶えず圧力をかけている。最新の情報は日本の外務省のホームページなどを参照〕。ドイツや朝鮮半島のように二ヵ国を同時に承認されるモデルを中国は拒否しており、外交関係を樹立する際には相手国に台湾との公式な外交関係を断絶し、「一つの中国の原則」（一中原則）を認めることを要求した。つまり、これによって、中国は一つしかなく、合法的な政府は中華人民共和国であることを相手国に認めさせたのである。馬英九が総統を務めた国民党政権時代

（二〇〇八年―二〇一六年）は外交的に休戦状態となったものの、民主進歩党〔以下、民進党〕（PDP）出身の蔡英文が二〇一六年に総統に選出されてからは、中国が外交の場において戦いを開始した。独立志向があるためで、中国は断固として台湾の国際的な活動領域を最小限に狭めようしているようだった。中国はそうするための資力もあった。

一九九五年において、中国の国内総生産は台湾の二倍程度であった。ところが、IMFの統計によると、二〇二三年にその差は一対二三まで拡大した（台湾が七五七〇億米ドルに対し、中国は一七兆六六二〇億米ドル）。この非対称的関係は軍事支出にも反映される。軍事支出がそのまま力関係を表すわけではないにしても、重要な指標になりうる。第三次台湾海峡危機が勃発した一九九五年当時、台湾の軍事費は中国と大差はなかった。ところが、ストックホルム国際平和研究所によると、二〇二一年の中国の軍事費は二九三〇億米ドルで、十年間で一五〇％の伸びを示した。同じ年、台湾国防部が発表した予算は一七〇億七〇〇〇万米ドルであり、それでも長期間伸び悩んだ後に若干増額した状態だった。

今日、中国の正統な後継者を争うことは国民党のイデオロギー上の取り繕いにすぎない。したがって、中国はこの地政学上の争点をもはや以前と同様には扱っていない。むしろ重視するのは、台湾における民進党政権下で進む民主化、主体性や独立の動きというものである。民進党は総統選を二度制し（二〇〇〇年―二〇〇八年、そして二〇一六年以降。同時期に党として初めて議会で多数派を得た）、中国はその脅威を再評価した。これは、イデオロギー上の秩序にかかわることで、中国共産党は民主主義が中華圏で生きのびることは大陸の体制の安全に直接かかわる脅威とみなした。台湾海峡を挟んで、資本主義と共産主義との争い、あるいは冷戦下の権威主義体制同士の対立といったものから民主主義と権威主義体制の対抗へと移っていった。

台湾において直接普通選挙で総統を選ぶことになった際に、一九九五年から一九九六年にかけて引きおこした軍事危機が中国の脅威に対する回答と言えよう。この「ミサイル危機」では人民解放軍が高雄や基隆など台湾の大きな港を射程に収める短距離弾道ミサイルの発射実験を行い、大規模な侵攻のシミュレーションを実施した。米国のクリントン政権はこれに対し、台湾海峡へ二隻の空母を派遣した。どのような危機においても、こうした瞬間が決定的な意味を持つ。つまり、この瞬間を挟んで事前と事後とで大きな変化が起こるのである。一九九六年以降、中国の兵器の近代化が加速する。米国が台湾海峡に近づけないようにする兵器システムが優先された。とくに、台湾海峡で空中や海において中国の優位を保てるような対潜水艦ミサイルや非対称戦術兵器の開発を急いだ。中国には、ウクライナから買いとったソ連製の遼寧という空母が一隻あったが、当初は台湾の東岸から第二の戦線を開くことが構想されており、少なくともう一隻を建造する計画が進められたのである。

台湾の民主的な制度によってつねに脅威がもたらされていることに加え、独立志向が出てきたことは、中華人民共和国のナショナリズムの根幹を揺るがす事態と受けとられた。習近平の言葉を援用するなら、祖国統一が「民族復興」の要だったからである。とくに中国は台湾問題が米国や日本に政治利用されるのを恐れた。日米の保守強硬派は台湾の独立運動に以前から親近感を抱いていた。こうした中国の見方は二〇一七年以来、先鋭化した。中国にとってはきわめて望ましくない結びつきができたからだ。つまり、台湾では民進党が政権を握り、米国ではトランプ政権が成立し、日本では民進党に好意を隠さない安倍晋三が首相を務めていたのである。米国や日本で政権が交代しても、習近平率いる中国が「現状維持」を打破しようとする意向を示せば、米国と日本は台湾海峡において日米同盟による抑止力を強化する動きにつながる。台湾問題を巡る動きは揺れ幅が大きくなっており、危機発生のリスクが高まっている。

しかしながら、中国の認識で変わらないものもある。台湾問題の基礎をなす地政学上の見方もそうしたものの一つである。その中心には島があり、中国の戦略は二重の列島線を基本に構想されており、中国の海洋上の安全保障環境を規定している。第一列島線はアジア大陸を取り囲む形で、東部の沿岸に沿うものである。北東から南西まで、樺太や千島列島、日本列島、琉球諸島、台湾、フィリピン北部を経てボルネオまで伸びている。この線上には日本や台湾、フィリピンが位置し、米軍配備における東アジアの重要な三拠点が連なる。この構想はとくに劉華清将軍によって形作られたものであった。劉華清は一九八二年から一九八八年まで海軍司令員〔訳注：司令官に相当〕を務め（陸軍主体の人民解放軍出身）、中国の空母計画を設計した。中国海軍は依然として、日本の小笠原諸島やマリアナ諸島で構成される第二列島線内の太平洋海域で活動するにあたって、第一列島線を越えるのに苦労している。この制約は潜水艦部門の開発にとってとりわけ重石となっている。潜水艦は中国の核抑止力としてはまだ初期段階であり、演習の形で最初の巡航が二〇一六年に初めて実現した。潜水艦は潜伏するために非常に深い海底が必要で、第一列島線内では、条件に合った適当な場所が南シナ海の数ヵ所にあるだけであった。

## 2　台湾海峡両岸関係と中国の対台湾政策

台湾海峡は太平洋戦争が終結したあとに、軍事的な危機が三度にわたって（一九五四年、一九五八年、一九九五年—一九九六年）勃発した地域であり、危機が新たに再燃する可能性も排除できない。つまり、いまだにアジアにおける戦略的な紛争警戒地域である。戦争のリスクは中国の軍事力と習近平の年齢の高まりとともに増大している。習近平は台湾問題を「次世代」に先送りしてはならないと明言しているのである。

中国は祖国統一の目的を達成するために、硬軟織り交ぜて、徐々に台湾に対して影響力を強める政策を実施している。それは、台湾海峡の両岸を結びつけている非常に緊密な経済関係や人的関係を政治的に利用することと、軍事面で威圧することとである。このアプローチは、中国共産党が手段として用いる鍵概念である、「統一戦線」工作といった考え方を反映している。またこれは中国にとっては歴史的に強く響くものである。なぜなら、「統一戦線」とは日本から侵略を受けた時に、共産党が国民党と抗日民族統一戦線を結成した時の名称だからだ。今日、この表現が復活し、台湾の独立派に対抗するために国民党と協力すること、そしてこの目的のために必要な個人と協力することについて使われている。こうして、中国共産党の統一戦線工作部と国務院台湾事務弁公室〔訳注：中華人民共和国国務院の直属の組織で台湾問題を担当する〕は、独立に反対する台湾人との関係を築いたり、あるいは台湾人に独立を思いとどまらせようとしながら、統一戦線を発展させている。

政治的な緊張関係の高まりにもかかわらず、台湾海峡を挟んだ両国の経済関係や人的な関係は非常に緊密である。中国の統計によると、二〇一八年には二国間の貿易額は二二八〇億米ドルを上回った一方、台湾の輸出の四〇％は中国向けであった。一九九一年に台湾が中国への間接投資を解禁して以来、台湾政府が認可した中国への投資額は一三〇〇億米ドルを超えた。また、今日、中国で活動する台湾企業は七万社を超える。こうした数字は、大部分をグレーな領域で活動している企業による経済関係の一部しか含んでおらず、公式統計から漏れてしまう。推定では、上海に居住する台湾人は百万人以上とされ、ほとんどが中小企業を経営し、利益を必ずしも台湾に還元せず、税金も払っていない。こうして台湾は中国の発展に大きく貢献しており、一方で、中国は台湾の多くの企業集団や台湾人の繁栄にとって生命線となった。このように交易が密になり、経済面の魅力が増したことで、この関係を利用して、中国は台湾に対して報いることも罰することも可能となった。

台湾海峡両岸の「コネクティビティ」は中国の台湾政策にとって強力な切り札である。これは観光政策の変更に見られるように、どちらの方向にも発動することができた。二〇〇八年に馬英九が総統選で勝利し、国民党が政権を握った時、「一九九二年コンセンサス」に基づいて中国と台湾は一連の合意に達した。このコンセンサスというレトリック的な表現は、国民党総統の政策助言者によって考え出されたものである。というのも一九九二年に中国と台湾は香港で非公式な会合を開き、台湾と大陸中国が「一つの中国」を構成していることに関し、曖昧な言い回しについて両者は暗黙の合意に達したことを示すものだからである。つまり、それは「一つの中国、それぞれが解釈」というものである。これを基礎にして、中国は台湾との空路の直行便を開設し、観光客が訪れることを容認した。台湾を訪れる観光客の数は二〇一五年には三四〇万人に達した。ところが、蔡英文が総統に当選し、一九九二年コンセンサスの存在を認めなかったことで、中国はこの人の流れを大きく絞り込んだ。蔡英文が総統に就任してから一年も経たないうちに、旅行客は六割減となり、人であふれかえっていた台湾の主要観光地は閑古鳥が鳴く状態になった。コロナ禍により台湾海峡両岸の人の往来は完全に途絶え、中台間の観光は消滅に至り、中国が影響力を行使する手段を失うことにもなった。

軍事的圧力は中国の台湾政策の中心をなす第二の柱である。前述したように、軍事支出で見た中台間の力の差は広がるばかりであり、一九九五年から一九九六年にかけての台湾海峡危機以来、中国は、米国が台湾海峡へ介入することでより大きな代償を払わざるを得ないことを示すために、この非対称的な力の差を確立させてきた。軍事的圧力によって、台湾の独立派が台湾共和国を宣言するのを思いとどまらせている。独立派の陳水扁が総統であった時代の二〇〇五年三月に、中国は台湾が分離独立するのを阻止する法律（反国家分裂法）を採択し、中国のかねてからの方針を明示してはいたものの、独立の動きに対する武力行使に関し、法律文章として公式のものとした。この条文によると、中国が「非平和的手段」を行使するのは以下の三つの状況が想定されている。（一）独立が公式に宣言された場合、（二）台湾を中国から分裂させようとする重大な事態が発生した場合、（三）平和統一の可能性が失われた場合である。

これまで見てきたように、中国のアプローチは、今日、台湾に対して二つの選択肢を示している。第一の選択肢は、台湾が「一九九二年コンセンサス」に則った行動をしながら、条件付きではあるが経済利益を享受するというもので、とくに経済や政治的な統合を積極的に進めることに同意し、中国に統一へ進んでいることを示すというものである。これは国民党が現在、野党の立場で主張している選択肢であり、「現状維持」を保ち、中華民国としての国家の体制を守るための手段として有権者に提示している。第二の選択肢は代償を伴う対立である。もし台湾が一九九二年コンセンサスを公式に認めず、大陸中国への統合を避けるために巧妙に逃げ道を国際的に探るのであれば、台湾は経済的なコストを払うことになり、国際的な活動領域を狭められ、軍事的な紛争のリスクを伴うというものである。台湾の将来はほとんどがこの第二の選択肢によって左右される状況である。しかし、米国や日本との関係の推移によっても変わりうると言えよう（本章第Ⅲ節参照）。

## Ⅱ　海洋における国境

台湾問題に加え、中国は主権にかかわる問題をほかの地域で抱えている。日本とは東シナ海で、ベトナム、フィリピン、ブルネイ、マレーシア、インドネシアとは南シナ海で国境を巡る問題が存在する。中華民国を継承している現在の台湾政府は中国と同じような主張をしてはいるものの、海上における国境紛争の主体的な行為者とはなっていない。台湾問題はこうした国境問題に比べれば二の次となる。中国は台湾との関係が良好な時期（二〇〇八年―二〇一六年）には、とくにこの二つの海洋における国境に対して積極的に動いた。

### 1　東シナ海

中国と日本とのあいだには主権にかかわる問題が二つ存在する。一つは中国名で釣魚群島、日本名で尖閣諸島と呼ばれ、現在は日本が実効支配する島々の領有を巡るものであり、もう一つは東シナ海における国境の画定を巡るものである。この二つの紛争は互いに関連している。つまり、釣魚群島もしくは尖閣諸島と呼ばれるこの地域の帰属が、東シナ海の国境を最終的に画定するにあたって一部を構成しているからである。十九世紀や二十世紀に日本が中国に対し侵略戦争を仕掛けた悲劇的な歴史のなかで、この領有権問題は眠っていたが、一九七〇年代に目を覚ました。それ以来、日中間で定期的に緊張が高まり、二〇〇八年や、二〇一二年から二〇一三年にはとくに先鋭化した。

中国は釣魚群島を自国から不可分な領土と称し、日本がこの領土を保有したのは、一八九四年から一八九五年の戦争で勝利し、下関条約によって台湾やその近辺の島々を獲得した結果とみている。また中国は、第二次世界大戦で日本が無条件降伏をしたことで、カイロ宣言やポツダム宣言に則り、武力によって奪い取った領土のすべてが返還されることになったことから、釣魚群島も中国に帰属することになったとしている。中国の主張は歴史的な側面にも及ぶ。つまり、釣魚群島は明の時代に中国の船乗りが見つけたもので、十五世紀の初めにはすでに現在の名称をつけ、大陸から（台湾からも含めて）漁を定期的に実施していたというものだ。

こうした主張に対して日本は法的な論拠を二点挙げている。第一点は下関条約が結ばれる数ヵ月前に尖閣諸島を国際法上の「無主地」として領土に編入している点である。そして第二点は第二次世界大戦以降、尖閣諸島を実効支配しており、中国から公式な異議が申し立てられることはなかったことである。米軍は沖縄を占領していた時期に尖閣諸島を軍事訓練の場として使用していた。琉球諸島が日本に返還された一九七二年になって初めて中国は異議を発した。中国が長期間にわたって異議を唱えなかったことは司法的な観点からは明らかに弱みになる。ただ百年近い期間は日本が実効支配し米軍が占領していたもので、日本の論拠にも問題が出てくる。実際、一八八五年には沖縄県令〔現在の知事〕が尖閣諸島を沖縄県の所轄とし、標杭を打ち建てたいという申し出に対し、内務省は清を刺激しないためにこれを却下している。「無主地」という論拠にも弱みがある。したがって、裁判で争われることになった場合の結果は明確ではない。もっとも、中国も日本も国際司法に訴えようとはしていない。日本の公式な立場は領土問題の存在そのものを否定するもので、国際司法裁判所で争うなら受けて立つというものである。一方、中国は領土問題で司法の場で争うのを拒否している。

いずれにせよ問題は高度に地政学的であり、中国にとってさまざまな影響をもたらすものとなっている。部分的には海洋の安全保障問題ともかかわっている。釣魚群島、つまり尖閣諸島を支配すれば、中国海軍、とりわけ潜水艦が太平洋で活動するにあたって必要となる宮古海峡を通りぬけることが容易になる。この海域を支配することは台湾と同様に第一列島線の問題ともかかわってくる。また、島々を巡る領土問題は、アジアにおける安全保障の秩序の将来や日本の中国に対する侵略の歴史的な記憶とも関係する。中国にとってこの紛争にかかわることは、日本の従属を前提としたアジアにおける戦略的優位性を求めることを意味する。また、南京虐殺を否定し、中国における日本軍の戦争犯罪を相対化する日本の歴史的修正主義と戦うことにもつながる。〔こうした背景から〕日本の首相が極東国際軍事裁判（東京裁判、一九四六年―一九四八年）で死刑判決を受けた戦争犯罪人を含むすべての兵士を祀る靖国神社へ参拝した時に、釣魚群島つまり尖閣諸島に関して中国は反論を行ったのであった。

これらの島々の領海（一二海里）や接続水域（二四海里）を巡って、二〇一二年以降、中国の海警局と日本の海上保安庁とのあいだで緊張が高まる事態が繰りかえし起こっており、大規模な危機を誘発しかねない衝突のリスクをはらんでいる。二〇一二年九月に日本政府は、釣魚群島つまり尖閣諸島を構成する島のうち三島を民間の所有者から買いとる決定をした。この決定に中国は激怒し、それまで両国間で暗黙で了解していた、互いに要求を吊りあげるようなことは控えるという「現状維持」に対する一方的な侵害と、この行為をみなした。中国は島々の周辺海域の日本の実効支配を否定し、海警局の船を高頻度で派遣することで反撃した。これによって中国の主権を主張したのであるが、日本との衝突のリスクを高めることになった。日本はむしろ事態の鎮静化を考え、極右団体の愛国者が島に上陸して中国と危機的な状況を引きおこすような事態を避けようとした。

島々を巡るこの問題は敏感で、日本にとっても中国にとっても象徴的な意味合いがある。東シナ海の両国間の国境の画定以上に、両国の感情を刺激するものと言えよう。東シナ海の国境問題は島々を巡る問題ほどの熱量は発せられないものの、危険で複雑ではある。この国境問題は両国も採択している国連海洋法条約と結びついている。この条約は沿岸国が領海基線から排他的経済水域（ＥＥＺ）を画定するにあたって幾つかの方法を規定している。中国は大陸棚の延長の原則に従って排他的経済水域を要求した。日本は両国間の等距離・中間線を引く、等距離原則によって画定しようとした。ところで、この中間線近辺には白樺（春暁）ガス田という大規模なガス資源が存在している。二〇〇八年に両国はガス田の共同開発に関し合意（中国の用語に従えば「コンセンサス」）に至ったものの、合意内容を適用する地域については話がまとまらなかった。中間線付近の地域の中国側では、中国のエネルギー会社が開発に着手しており、日本は繰りかえし非難をしているものの、交渉は止まったままとなっている。

## 2 南シナ海

南シナ海は二〇一〇年代の初めから中国と米国、ベトナム、フィリピンとのあいだで安全保障上の鋭い対立が生じている地域である。中華人民共和国は、一九四七年に十一段線としてすでに南シナ海における領海線を主張していた中華民国および国民党の後継者に収まることになった。この十一段線は現在九段線となったものの（二〇〇〇年にベトナムとトンキン湾における領海の境界画定に関して合意が成立した結果）〔訳注：十一段線が九段線になったことに関しては諸説がある〕、二〇一五年に台湾東部に線が一本加わり、地図上では十段線となった。この線の内側にある島々は四つのグループに分けられる。中国が一九七四年にベトナムから勝ち取ったパラセル諸島、五ヵ国がそれぞれ岩礁などを領有し、規模が小さいことから埋め立てなどを各国が行っているスプラトリー諸島（最も大きな島であるイツアバ島で面積は四六ヘクタール）、台湾が領有しているプラタス諸島、フィリピンが領有権を主張し、中国の海軍や海警局によって二〇一二年から実行支配されているスカボロー礁となる。

領海基線から二〇〇海里に設定される排他的経済水域を越えた大陸棚の境界画定に関し、二〇〇九年五月にベトナムとマレーシアは国連に対し境界画定共同提案を行った。これ以降、中国にとって南シナ海における領有権問題は優先事項となる。中国はこうした動きに対して態度を硬化させた。中国海軍は領有権問題の地域に、空母の遼寧と護衛艦を送りこむなど、非常に大規模な軍事演習を幾度も実施したのである。また、中国の海警局は東南アジアの国々の漁船を排除するために巡回を繰りかえし、中国漁船の保護にあたった。毎年、五月から八月は禁漁として遵守させている。中国は急速に最大の沿岸警備隊を組織し、これによって新たな外交手段を手に入れたのだった。

中国が領有権問題で強硬な態度に転じてから小休止を迎えた時期がある。まずはフィリピンのルソン島から一二四マイルに位置するスカボロー礁（中国名・黄岩島）の占領の時である。二〇一二年四月にフィリピン海軍がサンゴ礁でサンゴやオオシャコガイを密漁した漁船を検挙しようとしたものの、中国の監視船に阻まれたというものである。フィリピンの漁船が近づかないようにするため、その場には中国海軍が控えており、監視船はそれを後ろ盾にした。オバマ政権が仲介に入ったものの、不調に終わったことで米国のアジアでの信用も傷ついた。中国の領有権を巡る政策上で第二のポイントとなったのは、パラセル諸島近郊にあるベトナムと領有権を争っている地域で、中国の国有石油会社である中国海洋石油集団（CNOOC）が油田開発を行ったことである。二〇一四年五月から八月まで、この石油開発によって、中越両国の海軍を交えた小競り合いが引きおこされた（海軍だけでなく沿岸警備隊や中国からは海南島の海上民兵なども加わった）。軍事衝突には発展しなかったものの、石油掘削リグが撤去されるまで高度な緊張状態が続いた。

このように中国が政策決定をしたことは、それによって領有権を主張する地域の中国の支配権を強めることにはなったものの、スプラトリー諸島に人工島を建設した時などと比べて、強硬に押しきるようなものではなかった。二〇一四年以来、中国は実効支配している七つの岩礁地帯に八平方キロメートルほどの新しい領土を作り出した。その七つの岩礁とはスビ礁、ガベン礁、ヒューズ礁、ミスチーフ礁、ジョンソン南礁、ファイアリー・クロス礁、クアテロン礁を指す。中国はそこに世界中の話題になるようなスピードで、滑走路や港、駐屯地を建設し、軍事施設を保有するに至った。衛星写真や哨戒機によって示された証拠の品々が世界中のメディアにあふれた。中国の目的はなんであろう？　ベトナムやフィリピンも規模は小さいが岩礁の埋め立てなどを行っており、とくにこうした国々に対して支配的な存在を示すことが挙げられる。またこれによって、人民解放軍や中国海警局は重要な拠点を得たことになり、すでに中国が優勢となっている勢力関係の非対称性がさらに強まることになった。

ここ数年でこれだけ力関係で中国に大きく有利になっているにもかかわらず、中国は領有権を巡って対立している国が所有する島々に対し、軍事力を行使するには至っていない。確かに、一九八八年三月にジョンソン南礁でベトナムに対し戦火を開き、犠牲者を出す事態になったことはあるものの、中国はこれまで近隣の国に対し退去を強制したことはない。この点に関しては、二〇〇二年に東南アジア諸国連合（ＡＳＥＡＮ）と署名した宣言を順守している。これは、法的拘束力を持つ、係争当事者間の行動規範を締結しようとした政治的な性格を持つ内容で、中国外交団は法的拘束力を付与されないように注力して実現を遅らせた。

同時期に、中国にとって核抑止力の一翼を担う潜水艦の建造が、南シナ海を支配するにあたって、戦略的に重要なものとなっていた。二〇〇〇年代に中国は海南島の南に龍坡海軍基地を建設し、それは弾道ミサイル発射装置を備えた原子力潜水艦を配備した南海艦隊最初の基地となった。潜水艦発射弾道ミサイルを搭載したこの潜水艦は晋級〔訳注：NATOが中国の潜水艦を性能によって分類した識別コードで、中国の王朝名がつけられる。別名〇九四型とも呼ばれ、従来の夏級、漢級に比べて大きく戦闘能力が向上した〕で二〇〇七年に初めて写真で撮影された。米軍による絶え間ない監視からいかに逃れるかが中国にとっての優先事項であり、とくに基地を離れて巡回に出ているときに捕捉されないようにした。海南島にある中国南海研究院によると、米国は二〇一五年に七〇〇回以上の偵察活動を実施したという。このような戦略的な圧力によって、南シナ海は中国にとって米国に対する政策を問われる場となり、米中の両大国に挟まれ自国利益を守るための空間を探さざるを得なくなった東南アジア諸国は、そのしわ寄せを受ける形となった。

東シナ海とは逆に、南シナ海では国際法が無視しえない形で政治的な役割を果たした。べニグノ・アキノがフィリピンの大統領であったとき（二〇一〇年―二〇一六年）、フィリピンは国連海洋法条約附属書Ⅶに定められた、仲裁裁判所に提訴するという独自な手段を選択した。中国はこの仲裁手続きの受け入れを拒否し、提訴を「フィリピンによる一方的な行為」とした。中国は仲裁手続きには参加しなかったものの、海洋法に基づく表現を使いながら自己の立場を明確にするための口上書を公開した。二〇一六年七月に最終判断が下り、フィリピンの申し立てを逐一認容する内容で、中国の主張する「歴史的権利」といった議論は全面的に否定された。この判決でとくに二つの点が注目に値する。「第一点」は、仲裁裁判所によると、九段線が領有権を主張するにあたって有効ではない、ということだ。こうして、中国が九段線内の「歴史的権利」として主張しているものは法的に無効であると判断された。天然資源の先占権に関する議論は、海洋法条約の交渉過程ですでに結論に達しているという法的な論拠が示された。つまり、地理を基本にして海域を定めており、こうした先占権といった権利は実際上、「消滅した」というものである。「第二点」はスプラトリー諸島を構成しているものは、法律的な意味において、「島」ではないと裁判所が判断したことである。つまり、排他的経済水域を規定するための要件を満たしている領土ではないということだ。この判決に従えば、スプラトリー諸島を構成しているものは、海洋上で領海を越えて権利を発生させる水域を生み出すことができないことになる。この点は判決の中で最も議論を呼んだ部分である。なぜなら、スプラトリー諸島を実効支配している国々にとって、その領土としているものが、島ではなく、海洋法上の低潮高地〔訳注：低潮時には水面上にあるが満潮時には水面下に沈む自然に形成された陸地で、領海を越えたところに存在する場合、領海や排他的経済水域を生じさせることはない〕であるなら、理論上は、現在争われている海洋境界画定の問題を非常に簡素化し、最終決着させることが可能になるからだ。そして最後に、中国が南シナ海で実施している政策の大部分を違法とした。つまり、中国が人工島を建設していることは、海洋環境を保護する義務に違反しており、スカボロー礁を巡る紛争において中国の沿岸警備隊が取った行動は「違法行為」を含むとした。

この仲裁裁定は画期的であった。短期的には、南シナ海に対する中国の政策が軟化することになった。もっとも、この政策変更は、フィリピンでロドリゴ・ドゥテルテが大統領に選出され、フィリピンの対中政策が親中国的になったことが大きかった。ドゥテルテは南シナ海仲裁判決を無視するかのように中国と対話する道を選び、スカボロー礁周辺海域への自国漁船などの接近を可能にした。この融和戦術が有効なのはどれぐらいの期間であるのか？　それはトランプ政権下での米中関係次第である。海洋監視の問題は依然として敏感なもので、対立が先鋭化する危険をはらんでいる。したがって、中国は領海紛争地域での天然資源共同開発の合意に関して、ベトナムやフィリピンと交渉することに利益を見出し、両国と米国とを結びつけている関係を崩そうとする可能性がある。ASEANとの多国間交渉において、中国はとくに、南シナ海沿岸国以外の海軍に対し、この海域で活動する際はいかなる場合も事前に許可を求めることを可能にする条項を採用するように主張した。この発案は海洋法条約との整合性においてかなり議論の余地があるが、その意図することは明らかである。米国をこの地域から締め出したいのだ。

## III　日米同盟を軸とする地域の安全保障の構造を巡る戦略的競合関係

台湾や東シナ海はアジアにおける中国と日米同盟の構造的な対立を映し出している。現在のところ、力関係によってこの地域の「現状維持」を規定している。この対立は二つの次元で展開する。つまり軍事力と、互いの戦略的意思の認識である。本章でも分析したように、日米安全保障条約（一九六〇年）は地域の安全保障に非常に大きな影響をもたらした。米国は幾度となく、釣魚群島つまり尖閣諸島は日本が支配しているいかなる領土と同じように、日米安全保障条約によって守られると確認し、その立場を明確にしている。日米同盟は台湾や南シナ海までカバーすると公に宣言しているわけではないが、日本は米国の立場を支持し、米国が中国と紛争状態に陥った時に備え、米国を支えるための法的整備を行った。

## 1　力の均衡

中国は冷戦時代以来、自国の地政学上の立場がハブ・アンド・スポーク型の同盟関係に立脚した、東アジアの安全保障構造の制約を受けていると考えている。このハブ・アンド・スポーク型の同盟関係とは、米国を中心であるハブに据えて放射線状に広がる同盟網であり、日本との同盟に加え、米国はオーストラリア（一九五一年）、フィリピン（一九五一年）、韓国（一九五三年）と条約を締結した。日米間の条約に比べて、その他の国々と結ばれた条約は、中国にとって制約力は弱いものの、地政学上のさまざまな重石となっている。北朝鮮の核を巡る協議に加わったことのある中国の元交渉官が著しているように、朝鮮戦争後の「同盟体制」は、中国にとって「戦略的な非常な重荷」となっている。一九九〇年代半ばから人民解放軍の近代化が進み、軍に莫大な予算が配分されているにしても、軍事力の均衡の点では、全体的に見てまだ中国に不利なため、なおさらこの重荷を感じることになる。さらに、中国の軍事力の強化に対して、米国は同盟国との協力の深化をもって答えるのであった。

オーストラリアは安全保障上のプレーヤーとして頭角を現してきており、中国は東アジアでオーストラリアの関与が増加するのを恐れている。オーストラリアは二〇一七年をめどに一二隻のフランス製潜水艦を配備し〔訳注：オーストラリアはその後、フランスとの潜水艦共同開発計画を破棄し、米英との新たな安全保障枠組みによる原潜開発に方針転換した〕、中国海軍の影響力が増すなか、自国の安全保障を確保しようとしている。一方で、同時に日米との防衛協力を強化しており、最終的に南シナ海に関与することについて、利害を比較検討しているが、今のところ思いとどまっている。二〇一四年に結ばれた米国とオーストラリアとのあいだの最新の協定では、オーストラリア北部のダーウィンに米国海軍の配備を進めることになった。

フィリピンは取るに足らない軍事力ではあるものの（フィリピンの軍事費は二〇一六年で三〇億米ドルを下回る）、米国のアジアでの活動を支えるうえで重要な役割を果たしている。つまり、南シナ海での人民解放軍の戦艦の動きに対する監視活動を維持する上で、とくに必要とされる。二〇一四年には米国とフィリピンとのあいだで防衛協力に関する新たな合意が結ばれ、米軍がフィリピンの五つの基地を使用することが可能になった。米国とフィリピンの協力関係は中国が海軍の活動を確保するにあたって、中心的な懸念事項となっている。

中国と韓国は一九五〇年から一九五三年に戦火を交え、中国と北朝鮮は協力関係を維持し、韓国と米国は同盟関係にある。それにもかかわらず、中国は韓国とは重要な貿易相手国として、良好な関係を維持している（二国間の貿易額は二〇一八年に三一三〇億米ドルに達する）。もっとも、二〇一六年に韓国が高高度ミサイル防衛システム（ＴＨＡＡＤ）を国内に配備することで米国と協力する決定を下すと、中国との関係はそれ以後悪化に向かった。北朝鮮のミサイルを迎撃するために考案されたシステムではあるものの、その強力なレーダーによって、米国が中国東部のほとんどを諜報活動の対象にし得ると中国軍は考えた。その結果、中国の核抑止力となる弾道ミサイルの信頼性を傷つけるものと見なしたのだ。

しかしながら、中国が自国の安全保障体制の環境を分析するにあたっては、まず念頭に置くのは日米同盟である。二〇一二年から二〇二〇年まで首相を務めた安倍晋三政権のもとで、日本は防衛政策に関して非常に野心的な改革に着手した。日本は太平洋戦争に敗北した結果生まれた、一九四六年に制定した日本国憲法によって制約を受けている（憲法第九条によって日本は「戦争を放棄すること」が課せられ、「交戦権」は認められていない）。しかし日本の軍隊に相当する自衛隊はアジアのなかで最も強力な軍の一つであり、国内の軍需産業による技術革新などに立脚し、潤沢な予算を誇っている。とくにアジアの海域における中国潜水艦の活動を探知するにあたって重要な役割を果たしている。安倍政権のもとで、集団的自衛権の行使を認める決定を下し、同盟国が攻撃された際に、支援するための軍事力の行使が可能になった。中国はこのことを、米中間で紛争が勃発した際に、自国に対し日米共同で作戦を遂行するための大きな前進と見ている。

こうした状況のため、中国にとっての脆弱性はとりわけ、太平洋の米軍に対して軍事力で劣る点にある。中国は遅れを取り戻してきており、とくに、ミサイル産業の進歩によって、太平洋地域の米国の空軍や海軍の活動にとって脅威となっている。例を挙げるなら、中国は米国の空母を標的にして、対艦弾道ミサイルの開発計画に資金をつぎ込んだ唯一の国である。また、中国は紛争時に米国の指揮命令系統を弱めるためにサイバー空間や対衛星攻撃の分野でも開発を進めている。それでも米国は複数の軸を中心にして、太平洋地域においてそのプレゼンスを確固たるものにしている。その軸とはグアム、ハワイ、そして日本の米軍基地である。アメリカ太平洋軍（PACOM）はその任務を次のように定義している。つまり「協力関係を推進し、太平洋地域の開発を促し、危機の際は攻撃を抑止し、必要であれば敵を撃退することによってアジア太平洋地域の安全保障を強化することに資する」というものである。アメリカ太平洋軍の指揮下では、とりわけ、第三艦隊、第七艦隊、日本の米軍基地が特筆する存在である。

## 2　脅威の認識

米中間の力関係では、中国が不利な立場にあるものの、それは絶えず変化している。これは、地域秩序やその力学についての見方が根本的に異なることが関連している。こうした食い違いによって、中国と日米同盟とのあいだの戦略的不信感は増幅される。そして、これによって安全保障上のジレンマを大きくするのである。安全保障や防衛を考慮して採られた決定が、相手には攻撃の意図を持った行為として認識されてしまう。したがって、中国の見方によれば、今日の日米同盟の存在意義は、中国の戦略空間を限定し、台頭するのを防ぐことでなければ、説明がつかない、というものになる。中国の外交団は、表向きは、米国の存在が地域の安定に利益をもたらすといった論理を展開していたものの、実際は地域における米国の立場を弱めるために画策していたのであり、米国の撤退を望んでいたようである。中国は自国の領域を拡張する野心を隠さない。核心的利益（核心利益）に言及し、主権にかかわる要求として、米国に対し尊重すべきであると主張する。二〇一五年五月にオバマ政権のジョン・ケリー国務長官が北京を訪問した際、習近平は異なる表現を使って、中国側の考えを伝えた。つまり、「広大な太平洋は、米国と中国が分けあえるほど十分に広い」というものだった。

こうして、二〇〇八年の台湾海峡の事態が落ち着いたところで、今度は、米中関係は中国周辺海域を巡って悪化した。中国人研究者たちは、この緊張の高まりは、オバマ政権がアジア重視政策によって、「軸」をアジアに移した直接的な結果だと競うように繰りかえした。ヒラリー・クリントン国務長官が告げたように、この軸とはアジア地域での軍事・貿易の両面での協力関係強化を狙ったもので、米国の影響力や価値、人権、航行の自由を強固なものにすることを目的としていた。中国の公式な見解によれば、この軸を追求することで、オバマ政権は中国と競合関係にある国に対し、戦略的地位を強固にするように促しており、その帰結が日本政府による釣魚群島つまり尖閣諸島の三島の買い取りであり、フィリピンの仲裁裁判所への仲裁申請の決定であり、ベトナムの粘り強い防衛力の強化なのであった。

ところで、アジアでも米国でも同様に、むしろ問題とされるのは中国の安全保障策の「自己主張」（英語：assertiveness）であり、それによって緊張が高まっているというものである。胡錦濤総書記の時代に始まり、習近平が総書記に着任してからは、自己主張の水準がさらに上の段階に引きあげられた。二〇一二年に中国は、海洋権益擁護を統括する中央海洋権益工作領導小組、中国語で略して「海權辦」を設置した。そして、習近平はこうした組織のトップに立った。このような組織を立ちあげたのは政策決定権限を集中させる必要があったためで、習近平の権限強化を図るとともに、中国が自国の海域でより戦略的に行動する必要性に応えたものだった。とくに中国漁民が略奪を受けているという、国内の支配的な風潮に対処する必要があった。中国漁民は伝統的な中国の漁場でそうした被害にあっていると主張していた。また、フィリピンやベトナムによるスプラトリー諸島の「中国」領土の占有などへの対応も必要だった。この中国側の見方からすると、中国はあまりにも長いあいだ事態を放置しすぎていたのであり、こうした海における恥辱期間に終止符を打つ時が来たのであった。権限の集中化によって、決定が大胆になり、ひいてはリスクをはらむものになった。たとえば、釣魚群島つまり尖閣諸島に定期的に海警局の船が存在したり、スプラトリー諸島の七つの人工島の建設が加速したりしたのだった。

中国の決定が大胆になったのは、軍事的な面からすれば、米軍のさらなるプレゼンスによって軸が備わったとは言い難いからだった。オーストラリアやフィリピンとの合意やベトナムに対する武器の輸出禁止の撤回などを除けば、「軸」を据えたという事実を裏付けるような明確なサインを米国は示さなかった。中国も米国の同盟国もその点はごまかされなかった。すべての当事者にとって、米国は南シナ海の人工島建設に対して断固たる姿勢で対応しなかったのであり、釣魚群島つまり尖閣諸島周辺海域への中国の進出を放置したのであった。こうして、東シナ海および南シナ海で中国は恒常的なプレゼンスを維持するようになった。米国に妨げられることがなかったからだ。中国の視点からすれば、オバマ政権に対する中国の政策は一つの成功であった。米国が反論する余地をうまく消し去り、アジアにおける米国の同盟国に対しては米国の信用を傷つけることができたのだ。その後、ドナルド・トランプがアジアを基軸にする戦略に実質的に終止符を打ったから余計であった。つまり、中国を除いた、多国間の自由貿易協定で、政策の中心要素であった「環太平洋経済連携協定」の離脱にトランプは署名し、アジア基軸戦略の柱をぶち壊したのであった。

このように、結論としては、二〇〇八年から二〇一六年のあいだ、中国はオバマ政権の弱点を突いて、アジア地域において地歩を固めることができたのであり、中国が大きく発展した時期でもあった。中国は安全保障で自己主張を強めたことが実を結んだ。そして、中国は国際関係を見通すうえで、自己主張することをその要件として組み込んだ。このように、国際関係を見通すにあたっては、現実的な命題に対処することによって大きく着想を得てきたのである。中国の外交政策は力関係とみなすことができ、最近、中国近海で有利な状況を作り出すことができたのは、アジアに政策の軸を移すとしたにもかかわらず、米国のパワーが不可逆的に衰退しているとの認識に呼応した結果だった。これに対し、ドナルド・トランプを中心に米国の共和党は根本的に異なったアプローチを採用した。公然とした「戦略的競争」に立脚したもので、二〇一七年には、この戦略的競争という言葉が国家安全保障戦略に盛りこまれた。一方的な関税の設定、巨大中国テクノロジー会社への攻撃、インド太平洋地域への軍事展開などを駆使して、中国の台頭を食い止めようとした。中国との力比べになることもためらうことなく、これによって中国は防戦体制に入った。バイデン政権はこうしたアプローチを継続しており、大きな戦略において中国との対決を中心に据えている。また、東アジアにおける米国の抑止力の信頼性を確保しようとし、台湾に対する中国の攻撃を抑えようとしている。

# 第四章　新しい地平——世界進出の野望と残した足跡

中国の今日における地政学は、アジア海域の国境問題や米中関係などの要因が絡み合うことによって方向づけられている。もっとも、中国が経済的に成功を収めたことで、二〇〇〇年代初め以降、アジアや米国以外の国々との交易関係が爆発的に広がり、中国はそうした地域に投資を分散させてきた。今日、中国は低い生産コストを武器にして海外の資本を引きつける世界の工場という地位に留まらず、資本輸出や国内の消費力によって、世界経済における有力なプレーヤーになっている。中国の経済的利益が世界的な広がりを見せたことで、安全保障面でも世界的に目配りをすることが不可避となった。つまり、グローバル化した中国の新たな地政学は、徐々に世界的な地経学と重なってきたのである。中国はアジア以外では政治や安全保障における決定的なプレーヤーではないものの、その外交政策はすでに世界のさまざまな地域に影響を及ぼし、世界の戦略的な枠組みに入りこんでいる。このように変化してきたことによって、他国の内政には不干渉という中国の従来の政策を今後も継続するかが問題として浮上し、世界のガバナンスに中国が貢献するのかといったことも問われている。

## Ⅰ　世界で存在感を増す中国の地経学

中国の地政学は統計数値を見ればその実態が明らかである。二〇二一年に中国の貿易額は六兆米ドルを超え、輸出額では世界一位、輸入額では米国に次いで世界二位となった。合計では、今日、中国は貿易面で世界最強と言えよう。しかし、その成長を支えるためには海外からの資本をいかに引きつけられるかにかかっており、中国自身も現在では資本の輸出国に転じている。二十一世紀に入ると、江沢民の指導のもと、中国は公式に企業のグローバル化政策を推進することになった。中国の大手国有企業は、中国輸出入銀行や国家開発銀行などのいわゆる「国策」銀行による潤沢な資金供給に支えられ、このグローバル化政策の恩恵を享受した。

二〇一三年、海外に対する新規の直接投資額は初めて象徴的な一〇〇〇億米ドルの水準を超えた。中国商務省によると、二〇一六年には一七八一億米ドルに達し、これを頂点に二〇一七年、二〇一八年と減少に転じたものの、二〇二〇年には再度増加し、一五三七億一〇〇〇万米ドルとなった。その後はコロナ禍や過度なリスクを取ることを避けるために合理的な管理体制にしたことや、中国の相手国の不信感などもあって、コロナ前に想定していた伸びを下回ったものの、世界における中国の累積資産は二〇二〇年には二兆五八〇〇億米ドルに達した。これほどの水準に達したことで、中国経済のグローバル化は地政学においても重要な決定要因となった。中国と多くの国との関係に影響し、世界の貿易ルール策定から気候変動対策に至るまで、世界のガバナンスにおけるあらゆる重要な問題へのアプローチ方法を左右することになった。また、自国経済がグローバル化したことによって、世界の安全保障における危機に際して、中国にとって何が優先されるかといった点についての中国政府の考え方も影響を受けた。

## 1 無視できない経済パートナー

一九七八年に経済改革を実施した時に、中国は世界の貿易額の一%にも満たなかった。現在、そんなことに思いが及ぶ人はいるだろうか？　市場改革を導入する前は、中国の貿易は計画化されており、戦略的鉱物の輸入において必要なものを入手できるようにしていたにすぎない。経済特区戦略を採用し、大中華圏（香港や台湾を含む）や海外の多国籍企業に対し、非常に有利なコストで生産・輸出することを可能にし、この輸出支援策によって貿易額の増大が可能になった。二〇〇一年には世界貿易機関(WTO)の一四三番目の加盟国となり、貿易額は著しく増大した。中国は自国の貿易慣行をWTOの規則に適合させたものの、それでも貿易相手国からは、輸出支援の金融政策などを理由に、不正競争であるとの非難を浴びた。

二十一世紀になると、中国で外交を議論する際に経済的要因というもう一つの要素が加味されることになった。二〇〇五年以来、中国の対外直接投資の伸び率は年平均で三〇%を記録した。二〇一五年は象徴的な年となった。初めて世界のフローの対外投資額の一〇%を越えたのである。中国は外交においても、こうした状況に対応する必要が出てきた。先進国の抵抗に直面することになったのである。米国や日本、そしてこの二ヵ国よりは穏健で緩やかではあるもののヨーロッパ諸国は、中国が資金をため込むことによって、競争相手国の技術を略奪し、戦略的資源を買いとるにあたって必要となる戦略的優位性を確保することが可能になっていると考えた。これによって、幾つかの投資案件が妨げられ、断念せざるを得なくなった。たとえばエネルギーセクター(Unocal)、半導体セクター(Aixtron)、原子力セクター(Westinghouse)への投資がそれにあたる。中国外交は投資目的に関して相手国を安心させられるように環境整備をする必要が出てきた。より一般的には、中国の投資を守る問題は外交問題となった。二十世紀では考えられなかったことだ。

中国の国有企業のうち、とくに一一七の「国有」企業（地方政府が所管する企業とは対比をなしている）はグローバル展開において鍵となる存在である。これらの企業は戦略的なセクターで事業を行っており、国から補助金などの支援を享受している。こうして、中国の三大石油会社は中国のグローバル展開の象徴となった。中国石油化工集団（Sinopec）、中国海洋石油集団（CNOOC）、中国石油天然気集団（CNPC）は、二〇一二年に海外への直接投資において中国企業のなかでは圧倒的な存在になっていた。もっとも、こうした企業はリスクを取っていた。エネルギー分野で国際競争への新参者であることから、西欧の多国籍企業の存在が薄い、スーダン、リビア、イラク、ミャンマー、さらにはイランなどといった国々の資産を獲得対象とする傾向があった。こうした傾向は他の多くのセクターにも当てはまり、たとえば、鉱物資源への中国の投資も同様であった。そして、中国の需要は非常に大きいことから、鉄鋼、銅、ニッケルなどの市況にも影響を与えた。中国五鉱集団（Minmetals）や中国冶金科工集団（MCC）、あるいは中国地方政府が所管している天津物産集団などは今日、多くの国で、とくにアフリカで主要なプレーヤーとなっている。

直接投資に加え、中国の経済拠点のグローバル化は「契約プロジェクト」を通して広がりを持つようになる。それは、多くの場合、外国の政府が中国企業と合意するインフラ整備に関するプロジェクトで、中国の銀行による融資の恩恵を受けることができる。多くの中国の企業名が国際舞台に登場する。ダム建設（中国水利水電建設集団、中国葛洲壩集団）、鉄道（中国鉄路工程総公司）、ホテルや空港建設からスポーツ複合施設、あるいは橋梁の建設（中国建築）などで、これらの企業は世界の資本主義の様相を変えただけでなく、新たにインフラを建設した国々の経済発展の様相さえも変えてしまった。

しかしながら、この現象は単に中国の国家資本主義を世界的に投影しただけではなかった。中国の多くの民間企業がこの変容を推し進めている。世界的な規模での契約においては二大企業グループが存在し、いずれも通信会社である。つまり、華為《ファーウェイ》技術と中興通訊（ＺＴＥ）である。この二つの企業はそれぞれ違った形で「地政学」に組み込まれている。華為技術は人民解放軍のために情報収集しているとして西側の安全保障機関から非難され、米国の激しいキャンペーンの標的にもなった。このため外国のテクノロジーへのアクセスが制限され、第五世代通信ネットワークや上級機種の携帯などの提供力が著しく削がれた。

## 2　選別的な中国の国際的責任の負い方

中国の存在感が増してくると、政治的な影響力も大きくなり、国際的な交渉において、時として決定的な力を持つようになった。ところで、中国は国連安全保障理事会の常任理事国になったとはいえ、中国にとって第二次世界大戦後に構築された世界秩序の枠組みは西欧諸国に有利なもので、西欧諸国による支配が確立するようにできていると見なしていた。中国外交は定期的に国際通貨基金（ＩＭＦ）における代表権問題を提起した。ＩＭＦでは出資割当額に応じて投票権が割りあてられるシステムになっている。中国は二〇一五年に出資割合の見直しに成功したものの、その割合は世界経済における重みに比べれば、依然として低いままだった。さらに、ＩＭＦでは制度上、米国が決定事項に対して実質上の拒否権を保持している。また、ＮＡＴＯについては、崩壊する前のソ連とは異なり、直接の脅威とは感じていないものの、中国は非常に否定的な見方をしている。一九九九年、コソボ紛争の時に、ＮＡＴＯ軍の空爆によってベオグラードの中国大使館が爆撃されたことを中国は忘れていない。米国はこれを誤爆としている。もっとも、中国はセルビアに撃墜された米国のＦ－１１７ステルス戦闘機の残骸の一部を分析していたという話も伝わっているのであった。中国の国際的な安全保障に関する立場は、国連が唯一の正当な機関であり、武力行使を許可できる、というものである。したがって、中国が紛争当事国となっているアジアに関しては実質上、武力行使が適用されないことは明白である。

全般的に見れば、中国は世界のガバナンスについて、鍵となるプレーヤーである。もっとも、フランソワ・ゴドマン〔訳注：フランスの国際関係論研究者。中国・アジアを専門とする〕が述べているように、その関与の仕方は選別的であり、争いの場を選びながら、勝利することが明らかに国益に沿っているときにのみ外交資源をつぎ込んでいる。世界二位の超大国として資金力を持ち、多国間主義を支持する外交姿勢を見せていることと、人類の貧困を和らげるために、国連難民高等弁務官事務所や国連世界食糧計画など、国際団体に実際に財政的な貢献をすることとのあいだには深い溝が存在する。中国のこのような財政的な貢献は西欧諸国の期待からは遠いものであり、貢献するとの素振りからすると実態はかけ離れている。

気候変動に関する交渉を例にとってみると、いかに中国が世界的なガバナンスの点で軸となる国かが分かるが、同時に中国の立場がどれほど国際的な標準を引き下げてきたかも理解できる。二〇〇九年にコペンハーゲンで開かれたＣＯＰ１５の会議において、温室効果ガス排出量の実質的な削減に関する拘束力を持った合意に署名することを拒否したのであった。中国の主張の中心は以下のようなものであった。つまり、現状に責任があるのは先進国であり、問題解決にあたっては先進国がいっそうの貢献をすべきである。そして、拘束力のある合意はそのほかの国々の経済発展を阻害するものである、というものだった。一方、二〇一五年にパリで開かれたCOP21においては、中国が合意形成において中心的な役割を果たした。米国との二国間の協力を中心にしながら交渉に取り組み、オバマ政権とともに相互に譲歩しながら準備を進めたのであった。協議の結果、世界で最も温暖化ガスを排出する二大国が最終合意に至り、このなかに排出枠の上限が含まれた。しかし、数値化された削減計画が盛りこまれることはなかった。また中国の要求により、最終の工程表には排出量削減状況の検証メカニズムが含まれていない。中国はこうした点を非常に押しつけがましいと考えていたからだ。

政策の軸をどこに定め、米中関係がどうあるかによって、中国の軍備管理分野での貢献具合を説明することができる。世界秩序にとって、軍備管理は重要なポイントである。中国は核兵器、化学兵器、生物兵器、通常兵器などに関してすべての国際的な合意に署名している。また核拡散防止に関する主だった多国間枠組みにも参加している。しかし、重要な点については、米国の立場に自国の立場を合わせる。こうして中国は一九九六年に署名した包括的核実験禁止条約に署名したものの、米国にならって批准はしなかった。同様に、武器貿易条約に署名しなかった。この二つのケースにおいて、中国がこうした選択をしたことの根底には米国に対する不信感がある。米国は国際的な取り決めで他国を拘束しておきながら、米国自身は従わないのではないかと疑っているのである。中国は米国との関係を測りながら世界的なガバナンスへの貢献度を計算していると結論づけることができるであろう。

全体として、中国はグローバル化や自由貿易という点において、ヨーロッパ各国より肯定的に見ている。もっともそれは、多国間での取り決めなどに関しては選択的で、慎重になる。南シナ海仲裁裁判所の裁定の例にみられるように、法の支配によって国際秩序を構築するような重要な局面においては二面性を見せることになる。もっとも、外交政策としては、中国はグローバル化、国際法、多国間主義などに対し、無条件で賛意を全面的に示している。一方、国際的なかかわりを深くするに従い、米国との対立もより強まるのである。

中国は選択的に貢献する国から世界の「指導者」としての地位に移行できるのであろうか？それは世界の安全保障や多国間主義にとってどんな結果をもたらすであろうか？　中国は国連による平和維持活動を支持する場合を除いて、他国の危機への介入に対し強く反対する立場を堅持する。しかし、それが機能しなくなるリスクも存在する。中国外交は現在、世界規模で展開されているといっても、非常に限定された自国の利益を守るように計算されたものである。中国の国益と、世界のすべての国々に適用される規範やルールの上に成りたつ世界秩序の建設とのあいだには、まだ同調するような動きは見られない。

## Ⅱ　不干渉主義――見直しを迫られる原則

内政不干渉（不干渉原則）とは、一九五三年に周恩来が「平和五原則」の一つとして提唱し、その後一九五五年にバンドンで開かれたアジア・アフリカ会議において非同盟運動によっても原則として認められたもので、中国が国際的に自己の存在を明確に主張するものである。多くの中国外交官がこの考えを尊重しているのは見せかけではない。もともとは、外国からの干渉に対して中国を守るのと同時に、発展途上国のなかで特異な存在感を示すためでもあった。つまり、帝国主義に対して人民の主権独立を擁護する中国の姿を見せることである。しかしながら、議論の内容が変化してしまっている。中国は依然と同じ論拠で内政不干渉を主張するが、外交政策は新しい現実に向けてすでに調整されている。それは海外の中国の利益である、在外中国人や中国の経済的利益を守る必要性が出てきたからである。そのためには内政不干渉をより柔軟に実践する必要があり、将来的にはこの原則と決別する可能性もあると言えよう。

## 1　在外中国人の保護

ここ十年で中国の海外における安全保障政策の優先事項として、在外中国人の保護が浮上してきた。二〇〇四年にはパキスタン、アフガニスタン、スーダンと三つの襲撃事件があり、合計一四人が犠牲になっている。衝撃は強く、現実的な対応を迫られた。もっともこれは、その後長く続く一連の対応策の始まりにすぎなかった。

グローバル化政策を推奨したことによって、非常に多くの中国人が海外へ向かった。その数や行き先は西側諸国の海外進出と比較にならないほど多い。そして、より危険な国へ行く中国人の数はますます増えている。中国の国有企業は海外において約八〇万人の中国人を雇っている。税関の統計によると、外務省は二〇一五年に中国を出国した人の数を一億二八〇〇万人と登録している。一九八二年はわずか二八万人であった。出国理由が旅行であるのか、海外駐在であるのか、短期の出張であるのかは別として、中国人は海外に出かけ、それに伴って新しいリスクに身をさらすことになるのである。

しかしながら、海外に出国する人数は増えても、多くの中国人が領事館などに届け出をしないため、外務省には正確な統計がない。現在では、推計によると在外の中華人民共和国民は五〇〇万人以上とされる（この統計には華僑など他国に移住した中国人は含めていない）。中国人はイラクに一万人、パキスタンに三万人、ナイジェリアに六万五〇〇〇人、さらにマリに三〇〇〇人が居住しているが、この四ヵ国はいずれも定期的にイスラムテロ組織の標的になっている。しかし、テロの脅威だけが問題なわけではない。より全般的には激動する国内政治のリスクから在外中国人を守る必要があり、これはまさしく、中立を保つという内政不干渉によって避けることのできるリスクである。つまり、他国内の紛争において、どちらかを支持することを避けることによって、中国人が標的になることを理論的には最小限に抑えることができるというものである。

統計が海外に向かう中国人の動きを把握できていないということは、グローバル化の時代における中国人の出国経路の多様性を示しているともいえる。その道筋は非常に幅広く、個人で挑むケースから、大手国有企業から派遣されるものまで、さまざまである。多くの場合は一時的な滞在で、大型のインフラプロジェクトに労働力を供給する下請け会社と関係したものだ。この労働者の移動をおもに請け負うのは仲介会社で、中国国内において期限付き契約で労働者を募集する。こうした会社は中国当局との直接的な結びつきは弱く、大手国有企業からの依頼に基づく。なかには違法行為に走る会社もある。つまり、脱税目的や、管理費の節約や労働条件の隠ぺいなどのために誰を雇ったか申告しなかったりするのだ。

二〇一一年三月、中国は当時内戦のさなかにあるリビアから三万五〇〇〇人の自国民を脱出させた。この脱出劇は幾つかの意味で転換点となった。これによって、統計不備の問題が白日の下にさらされた。領事館に届け出されていた中国人の数は六〇〇〇人にも満たなかったのだ。記録にない中国人を特定するために、大使館は企業や中国人コミュニティーのさまざまな組織に対して情報提供を求めざるを得なかった。この時中国政府は西側各国の経験がこのような事態に対処する際の知識の源であることを理解したが、同時に異なる次元での問題の管理が必要であることを悟った。米国やヨーロッパ各国は、中国のような多くの人数を退避させるような経験をしてはいなかった。人や物の流れを確保することはアフリカでは大きな困難を伴うものである一方、アフリカの多くの国には数万の中国人が分散して存在した。フェリーを借り、中国の航空会社を動員してチャーター便を組織し、チュニジアやエジプトとの国境において陸の通過地点の安全を確保する必要があった。しかし、加えて軍の助けも借りる必要があった。これはさらに転換点を画する事態で、このことが持つ意味は小さくなかった。人民解放軍が、初めて退避作戦にかかわったのだ。アデン湾に配備されていたパトロールフリゲート艦がリビア沖に派遣され、フェリーの出発を監視し、攻撃に対する抑止力を発揮した。リビア南部の砂漠地帯にいる中国人については、空軍がスーダンのハルツームを経由して直接に退避救出作戦を実施した。

リビアから大規模な退避作戦を実施したことで、中国の外交が根底から変化していることが浮き彫りになった。中国は在外自国民を救出するために人的・物的資源を大量に投入する体制がすでに整備されていた。その後、退避作戦は危機に応じてシステマティックに発動された。二〇〇六年には四度（ソロモン諸島、東ティモール、レバノン、トンガ）実施され、最近実施されたもの（二〇一六年の南スーダン）も含めるとアジア太平洋、アフリカ、中東などでのこうした救出作戦は二〇回ほどに達する。もっとも、そのうち人民解放軍が動員されたのは二回ほどしかない。中国海軍はリビアに出動したほかは、二〇一五年にはイエメンからジブチへ中国人退避者を運んでいる。こうした救出作戦で共通するのは、メディアで取り上げられ、広く国民に知らされることである。中国政府は他の大国と異なり、在外の自国民がどうなるかについて、長らく気にかけていなかった分、かえって大きくポイントを稼ぐことができる。一九六五年から一九六七年にかけてインドネシアで反中国・反共の暴力が吹き荒れた時、中国は三〇万人の中国人を助けようとしながらも、実際に救出できたのは四二五一人だけだった。人や物の流れを確保することが難しく、船舶の輸送能力も限られたことで、政府の当初の計画通りにはいかなかった。中国は今や中国人が危険にさらされているのであれば世界のどこにでも助けに向かうことができる、庇護者としての国家のイメージを纏ったのだ。

しかしながら、このようなリスクに対して、退避だけが中国にとって唯一の対応策ではない。中国外交のさまざまな側面が変化したのだ。最近好まれる手法は二国間協力である。つまり、在留外国人の安全確保は、通常受け入れ国の問題であるからだ。非常に大きな危険が伴う場合、こうした問題は外交ルートを通じて解決が図られる。パキスタンの例が最も象徴的である。十年ほどのあいだ、中国企業はパキスタンへの進出をためらっていた。もし中国人がテロの犠牲になったら、グワダルから新疆へ至る経済回廊をいかに建設できるだろうか？　この問いに対する回答は外交的であり、軍事的であった。パキスタン軍は経済回廊のプロジェクトにかかわる中国人の技術者や労働者を守るための特別部隊を創設した。中央アジアやアフリカにおいて、中国は外交ルートを通して現地の当局を説得して、中国人の安全を脅かすリスクに対処するようにさせている。フランスやイタリアなど、ヨーロッパの国々に対しても同様で、直面するリスクは盗みなど全般的に深刻なものではないが、時として中国人旅行者に対して暴力沙汰になったりするからだ。

政府はこのようなリスクをうまく管理するために、行政組織を適合させる必要があった。外務省は領事館業務を強化し、中国人駐在員や旅行者に関してより正確なデータを集めるように手を尽くすことが求められた。商務省は海外投資の認可手続きを刷新し、大きな危険を伴う投資については断念させるようにした。軍事面においては、その対応がさらに明瞭となった。二〇一五年末に中国は反テロ法を初めて採択した。この法律には、人民解放軍が国境の外で反テロ活動の任務に加わることができるとする条項が含まれている。ただ、その任務の性格に関しては明示されていない。外科手術的爆撃や特定の人物を標的にした暗殺行為、人質解放のための特殊部隊による救出作戦といったことが現在実施されているわけではないものの、将来における選択肢としては排除されていない。もっとも、似たような議論は中国公安省のなかですでに行われている。二〇一一年十月、メコン川で麻薬など闇取引にかかわる武装グループが一三人の中国人船員を殺害したあと、公安省の麻薬対策の責任者の一人が、東南アジアの密林に潜んでいる犯人グループに対し、ドローンを使って掃討爆撃の実施を公に検討した。犯人グループは最終的に逮捕され、中国に引き渡され、処刑された。しかし、中国はもう少しのところで、数十年保ってきた内政不干渉を突然に放棄するところだった。

中国がこのような新しいリスクにさらされるようになったことで、民間の警備会社や「カントリー・リスク」を分析する会社にとっては朗報となった。中国の大手企業のなかには幹部社員や施設、従業員の宿泊所を守るために、民間の会社に下請けに出すことをためらわなかった。こうした企業は、市場では優越的な地位を確立している海外の大手警備会社と提携していることが多かった。イラクでの失態で世界的に有名になった警備会社ブラックウォーターの創業者は、中東やアフリカで操業している中国企業に対し、自社のサービスを売り込むにあたって、特別な仕組みを作り出したのである。

国際的なリスクに関する中国の新たな地政学はまだ枠組みが固まったわけではなく、その将来は今後中国が管理せざるを得なくなる危機の性質次第である。軍事力の行使のシナリオはもはや排除されない。中国がこれまで行った自国民の退避作戦は安全が一定程度確保されている状況のみであった。退避者をまとめるために安全地帯をみずから作り出す必要はなかった。人質の解放作戦も経験がない。もっとも、中国外交で自国民保護に関して最近出された実際の意見では、中国が危機の状況においてこれ以上受け身ではいられない、というものだ。内政不干渉は今日でも尊重されているものの、これまで以上にその立場は揺らいでいる。

## 2　投資の保護

リビアからの脱出劇は、中国政府が自国民の保護に関して考え直すきっかけになっただけではない。中国企業が海外で行った投資に関するリスクについても議論が沸き起こった。二〇〇〇年代に中国企業は「カントリー・リスク」についてあまり考慮せずに多くのプロジェクトに投資した。リビアでは国際的に急成長するセクターにおいて中国企業の存在感は顕著であった。それはエネルギー、インフラや住宅の建設といったセクターであった。しかし、中国企業は投資をすると、あっという間にリビア領を後にすることになった。内戦と海外からの介入の結果、カダフィは殺害され、さらなる内戦の勃発、絶え間ない暴力といった状態が続くなか、中国企業がリビアの地に戻ることは非常に難しくなった。さらに、投資継続を確保し、資産を取りもどすためにふさわしい相手を見つけることもできなかった。こうして、むざむざ数十億米ドルにのぼると見積もられた損失を被ることになった。

中国ではこれだけの損失を招いたことにかなりの怒りが巻き起こった。仮に、リビア上空に飛行禁止空域を設定する国連での決議に中国が棄権せず、拒否権を発動していたなら、米国やフランス、イギリスは国際社会をあざむいて、リビアの体制変換を引きおこすことなどできなかっただろうと、多くの中国人は考えた。リビアは安定をとどめ、中国企業はそこで繁栄を享受し続けることができたはずだった。このような極端な分析は、欧米による軍事介入前の今にも爆発しそうなリビアの状況を無視したものである。しかしそれでも、経済的利益と地政学的利益の密接なつながりを示しているともいえよう。このため、欧米各国が競争者を排除する意図を持っていたと考えることは、飛躍的なものではなく、リビアの市民を保護するためといった論拠を認めない人びとはそうした結論に行きつくのであった。中国はリビアの一件から苦い教訓を味わったとはいえ、欧米の軍事介入を利用する方法も会得した。イラクは二〇一七年においても依然と内戦に翻弄されていたが、サダム・フセイン政権が崩壊してから数年後に、中国はイラク産原油の主要輸入国となっていた。過激派組織「イスラム国」の支配地域から離れているイラク南部では、一万人以上の中国人がエネルギーセクターで働いているのだった。

「カントリー・リスク」は時として、武器を用いた暴力とは異なった形を呈する。ベネズエラはそうした特異なケースとなっている。中国はウゴ・チャベスやその後継者であるニコラス・マドゥロが反米思想の立場を取っていたこと利用し、ベネズエラと多くの協力協定に調印した。ベネズエラはこれによって二〇〇七年から二〇一五年のあいだに、五〇〇億米ドルを超える融資を受けたのだった。そして、二〇一六年末に中国が貸し付けた債務のうち二〇〇億米ドルについて債務不履行になるリスクについて、懸念が深まった。中国からの融資についてはベネズエラの原油の輸出によって保証されており、多くが原油によって返済されていた。ところが、ベネズエラは合意されていた条件通りに返済するのが難しくなっていたのである。債務不履行や単に損失を被るだけといった事態を回避するため、中国は原油の引き渡しを増やすことと引き換えに、追加の融資を承認することになった。

中国の相手国が支払い能力を有しているかといった問題は、このように中国の国際関係の検討項目のなかで新たな副項目を構成するようになった。スリランカでは、親中派とされるマヒンダ・ラージャパクサ大統領の時代に中国と多くの協定を結んだ。これらの協定によって二〇〇八年以降、さまざまなインフラ建設が進んだ。島の南部に新しい深水港であるハンバントタ港ができ、隣接したところに産業地区が設けられた。さらに首都コロンボの港地区に新たなコンテナーターミナルを建設し、コロンボ近郊に中国人投資家のための経済特区を整備したのである。二〇一五年にマイトリパーラ・シリセーナがスリランカ大統領に選ばれたことで、こうした枠組みに変化が出た。シリセーナ大統領は中国によるプロジェクトの環境基準を非難し、汚職を告発した。そして、中国と結んだ合意内容の見直しを命じた。標的となったのは、前政権が中国と合意したハンバントタの経済開発計画であった。しかし、結局は、中国が八割を支配する会社に運営権や施設の九九年間リースを受け入れることになった。これは、港の安全管理といった面まで中国がかかわることを意味した。この選択は、スリランカに財政面で弱みがあるために受け入れざるを得なくなったものである。中国にとっては債務不履行のリスクに直面したものの、合意内容を貸し手に優位にすることでリスクに見合った成果を得たのであった。

二〇〇〇年代以来、対外投資は中国が自国の影響力を強める手段としての中心的な役割を担っている。中国の資本に余力がある限りはこの傾向は続くことになり、政治、外交、安全保障などにとって中国が新たに重要とみなすものが生まれるに従い、地政学的な見方がさらにグローバル化することになろう。

## Ⅲ　中国――アフリカにおける大国

中国にとって経済関係の発展と内政不干渉の維持とのあいだの緊張関係が如実に見てとれるのはアフリカである。一九九〇年代から中国の存在は純粋に経済的論理に従って発展してきたとは言え、今日ではアフリカ大陸の安全保障分野で一定の役割を果たしている。危機状況において中国が決定的な役割を演じるわけではまだないものの、幾つかの国においては中国の経済的利益を擁護するため、安全保障の分野で影響力を強めようとしている。中国の対アフリカ政策はこうした影響力を強めようとする意図がより鮮明になっている。つまり、アフリカで経済関係や安全保障に関する問題を管理する方法を見ると、中国の将来の地政学の姿が現れてくるのである。覇権主義的野心やアジアを越えて国際的な安全保障で重きをなすために考えられた計画など中国は持っていない一方で、「商売の後ろに国旗はついて行く」のである。中国にとってアフリカは経済的なプレゼンスが増大することによって、安全保障問題の管理における政治的な関与が実現した唯一の大陸である。

## 1　近年のかかわりがもたらしたもの

二十年もかからないうちに中国はアフリカにとって重要な経済的なパートナーとなった。中国がアフリカの舞台に入りこんできたことで、ゲームのルールが変わった。アフリカ諸国は今日、多くの選択肢を手にしたのだ。つまり、旧宗主国と米国とのあいだでどちらかを選ぶといった選択をもう迫られなくなった。中国はアフリカの主要貿易相手国であり、輸出先としてはトップとなり、インフラ建設においては最も存在感がある。中国の商務省によると、両者の貿易額は二〇〇〇年の一〇〇億米ドルから二〇一八年には二〇〇〇億米ドルを超えたとされる。

中国のアフリカ進出は経済的な論理に従ったもので、利潤を追求する個人や企業の合理的な計算に基づく。外交面では、経済改革期の中国は内政不干渉の名のもとに、安全保障問題にかかわることにつねに躊躇しており、その姿は頑なであった。もっとも、冷戦期のあいだには、中国共産党は武器を供給することによってアフリカ大陸における解放運動を支えたこともあった。中国とロバート・ムガベ政権下のジンバブエが特別な関係を結ぶことになったのは、ムガベが当時のソ連よりも中国を友好国として選んだ時代にさかのぼる。ムガベ政権の人権侵害の状況からすると、ジンバブエ体制を支持する中国への批判は正当と言えた。しかし、中国はこうした批判を一蹴した。一方でこうした内政不干渉を盾にした歴史的な経緯が、この時の中国の行動を左右する役割を果たすことになる。二〇〇八年に中国は国連安全保障理事会の決議に拒否権を発動して、ジンバブエを国連の制裁から守ったのである。二〇〇〇年代に中国とアフリカの経済関係が飛躍的に伸びて以来、中国外交は相互尊重に基づいた「発展途上国間の協力」の方針を継続し、これを「ウィンウィンの関係」と称した。政治的な条件を提起することは問題外であった。この点については、民主主義や良好なガバナンスを推進する政策を阻害しているとして、欧米諸国から中国は絶えず批判を浴びることになった。

今となってはこうした時代は過ぎ去ってしまった。中国は基本的な考え方を転換し、以後はアフリカにおける安全保障で果たすべき役割を認識している。こうした変化は徐々に進んだものの、二〇一二年に開催された中国・アフリカ協力フォーラムでは胡錦濤国家主席列席のもと、具体的な形となって表れた。ここで胡錦濤は「平和と安全保障のためのパートナーシップ」といった概念に支持を表明した。この点に関する最終文書が締結されてから、中国はアフリカの安全保障問題にいっさいかかわらないという方針を転換した。習近平の時代になるとこの変化はさらにはっきりする。習近平は中国の外交目的を支えるために、中国軍がさらにグローバルな役割を担うといった考え方を推し進めた。今日、人民解放軍はすでにアフリカにおける主要なプレーヤーになっている。まだ例外的ではあるものの、中国はその政治的な影響力を使って、危機発生時に圧力をかけることもある。以後、中国外交は経済的利益と安全保障の環境とのあいだでバランスを取ろうとしている。別の表現をすると、アフリカの幾つかの国においては、中国の経済的なプレゼンスの「安全確保」を求めていると言えよう。

## 2　アフリカの多くの国における安全保障上のパートナー

中国は最初に二国間協力や武器の売却を通じて、アフリカの安全保障に対する影響力をつけてきた。ストックホルム国際平和研究所のデータによると、二〇一五年に中国はサハラ以南のアフリカ諸国に対して兵器の供給がロシアに次いで世界で二番目に多く、こうしたアフリカ諸国が外部から調達している兵器の合計額の二二%を占めている。兵器に関して、幾つかの国は中国と特別な関係にある。それは、カメルーン、エチオピア、ナミビア、ナイジェリア、タンザニアである。中国は軽火器・小型兵器に関しても供給国であり、その実態はベールに包まれている。国連はこのような兵器を供給している国に対し、輸出内容の開示を義務付けてはいない(情報提供が求められる通常兵器に分類されるほとんどの兵器とは扱いが異なっている)。また、中国のこうした兵器の移転を数値化したような信頼に足る統計は存在しない。しかし、中国製の軽火器は多くの国で使用されている。リベリア、シエラレオネ、スーダン、南スーダン、ジンバブエ、ナイジェリア、エチオピア、ナミビア、タンザニアなどがそれにあたる。こうした武器の売却による収入は中国の輸出戦略の一環をなしているわけではないが、多くの国で広範な意味で安全保障協力協定の一部となっている。たとえば、中国はナイジェリアとますます緊密な軍事協力を発展させている。ナイジェリア軍はテロ組織であるボコハラムと対決しているからである。中国は戦闘用のドローンをナイジェリアに売却し、諜報活動について協力を約束した。これによって、ナイジェリア軍の活動を助けるために、衛星写真を供給することになった模様だ。

## 3　ジブチとアデン湾

二〇一二年は、事実ははっきりしているものの、全体像が見えていなかった一つの傾向が確認され、さらに一段階、そのレベルが引きあげられた年となった。アフリカの安全保障における中国の存在は、今日、分散され、そして選択的ではあるものの、しっかりと実感できるものとなっている。鍵となる相手国との単なる二国間協力には留まらず、さらに先へ行く。二〇〇八年以来、人民解放軍海軍はアデン湾で絶えず監視活動を実施している。海賊行為に対抗するため、国連安全保障理事会に承認された活動の一環である。これは重要な転換点であり、二〇一二年の中国とアフリカのパートナーシップへの布石となる。中国は、自国の海軍がアフリカに存在することについてその長所や短所を計算し、安全保障上の利益や国際的なイメージに対する影響を考慮して、長らく躊躇していた。中国から遠く離れたところに軍隊を初めて派遣することに対して関係国はどう考えるだろうか？　分析によると、三隻からなる小船団が定期的にアデン湾に存在することは中国の貨物船の航行の安全に寄与し、外交上も無視できないほどの得点を稼ぐことができたと判明した。中国海軍は同じ地域に存在するほかの国の海軍と一緒に巡視することは拒否した。独立していると見られることにこだわったのである。

しかし、海上で外交を展開するにあたっては、護衛艦を利用した。時には、欧州連合と協力して、国連世界食糧計画が実施するソマリアへの食糧援助の輸送を護衛した。また、中国は他国との共同訓練も受け入れた。

二〇一六年に中国の国防省は、長年噂されていたこと、つまり、中国側の表現では「物流施設」というものをジブチに建設しているとの噂は、根拠がないわけではないと認めた。公式上の目的は、海賊行為に対処する活動を支えるためにアデン湾の港湾施設を充実させることだった。こうした表現には「基地」といった言葉を意図的に避けていた。中国は何年ものあいだ、外国に基地を建設することに興味がないと繰りかえしていたし、この言葉は米国の単独主義に対する批判と非常に強く結びついていたからだ。しかし、こうして体裁の悪さを隠すように巧言を弄している裏側には、これまでの外交政策との決別が実際には存在していた。

つまり、それはまさしく基地であったのである。ジブチの「施設」はアデン湾での中国海軍のプレゼンスを維持するのを支援するために考案されていただけではない。中国研究者のあいだでは、基地はアフリカや中東での平和維持活動における国連軍の展開を将来的に受け入れるための中継点としての使用を目的としているとしていた。ジブチは在留中国人の避難の時に安全な中継所としても役に立ちそうであった。中国はその存在をまだ実際には正式に認めていなかったものの、二〇一五年三月にはそうした役割を果たしていた。アデン湾の中国の艦隊は、当時、内戦状態に陥り、サウジアラビアから介入を受けていたイエメンから、六〇〇人の中国人と、一〇〇人程度のほかの国の人びとを救助した。少なくとも、ジブチは人民解放軍の海上外交に一役買っていた。海外の港に国旗を掲げ、他国の海軍とともに作戦に参加するなど、中国にとってますます日常的になってきた行為である。こうしたことは、責任ある大国であるというイメージを示すのに有効であると中国は考えている。

もっとも、中国だけがジブチに存在するわけではない。米軍やフランス軍の大きな基地があり、ドイツ軍や日本の自衛隊の存在もあるなかで中国軍は活動している。こうした状況のため、軍の諜報活動がその重要な目的ではないかと考える懐疑的な意見も存在する。実際のところは、中国がオマーンを選択していたら、他国は存在しなかったことから疑惑の目を向けられずに済んだかというと、そうとは限らない。むしろ他国が周囲に存在していることで、中国の意図に対して猜疑心をそれほど持たれずに済んでいる。ジブチで中国は衆人環視のもとで活動しているのだ。諜報活動が目的であるといった主張には矛盾がみられる。物流拠点であるとの主張のほうが説得力はある。つまり、海軍は陸からの支援を必要としているのだ。だからと言って、基地が諜報活動の役割を持たないということを意味するわけではない。中国は、キャンプ・レモニエに駐留する米軍の特殊部隊の活動を注意深く観察することで、自国のテロ対策の再検討に役立てようとしたのである。

ジブチに基地を作ったのであれば、中国は次にどこを考えているのか？　中国外相の回答は明快である。ジブチを選んだのは中国の海外における利益を守るために、「施設」を作るとの決断を反映したものである。人民解放軍を受け入れる用意のある候補国に関しては噂が飛びかい続けている。アフリカでは、ナイジェリア、アンゴラ、ナミビア、タンザニア、ケニア、セーシェルなどの国名がよく聞かれる。どれも可能性はあるが、ジブチの例からすると、中国は具体的に活動するための必要性がないと行動に出ないことを示している。

## 4　平和維持活動において増大する中国の関与

国連の活動において、中国が国連軍として参加するようになったことは、アフリカの安全保障に中国が関与を強めて行くなかで重要な仲介手段となった。しかし、こうした動きは、アフリカで留まることはない。世界の安全保障に影響力を行使する手段、また人民解放軍を、その目的を遂行するための道具に変えてしまう手段として確立している。

中華人民共和国は、一九七一年に国連に参加した時、平和維持活動を批判していた。この活動は帝国主義的であり、内政不干渉の原則と矛盾しているとみなしたのである。安全保障理事会で決議が行われる時は、中国は棄権した。一九八一年になってようやく平和維持活動の実施に初めて賛成票を投じたのだが、これはキプロスにおけるものだった。一九八九年に初めて人員を派遣した（ナミビアでの任務の時で、文官を監視団として派遣した）。一九九〇年代以降は、こうした活動が加速する。人民解放軍の人員を初めて派遣したのはカンボジアで、一九九一年であった。その後東ティモールでの国連の活動において文民警察官を派遣している。二〇〇七年には国連安全保障理事会の常任理事国のなかで、平和維持活動への要員派遣数では中国が最も多くなっている。二〇一九年では平和維持活動に二五〇〇人の兵士を展開していた。人数としてはかなり多いものの、国連は当時、世界の活動において軍人と文官を合わせて一〇万人を擁していたので、割引いて考えたほうが良いであろう。

アフリカでは重要なポイントを中国は飛びこえた。戦闘部隊の派遣である。二〇一二年まで中国が派遣したのはつねにエンジニアや医療関係者で、リベリアのような危険が少ないと思われるような国における活動を優先していた。しかし、この点においても、二〇一二年に中国がアフリカと安全保障にかかわるパートナーシップを結ぶ決断をしたことで考え方が変化した。最初に軍隊を展開したのは二〇一二年に南スーダンにおいてであった。この時は歩兵隊を送りこんだ。中国は二〇一三年以来、マリでの活動を展開した時も、軍を派遣するという同様の決断を繰りかえした。このようなリスクを引きうけるということは、国連の平和維持活動における中国の活動領域に新たな要素をもたらした。とくにこの任務を選択したのは、狭い意味における中国利益を追求しただけではないことを示している。南スーダンにおいて中国は確かに大きな石油権益を保持していたが、マリとの経済的関係だけでは、マリの安全保障でリスクを取ることを説明するには十分な理由を見出せない。

習近平のもとでは、こうした動きが加速するであろう。二〇一五年の国連総会の演説において、習近平は中国が国連の即応部隊に加わる用意があることを約束した。国連決議を経て実際に国連軍が展開するまでには時間がかかりすぎるため、もっと迅速に反応したほうが人命を救うことに資するであろう。

中国が平和維持活動に関心を高めて行くのを前にして、米国の国防省は非常に懐疑的になっていた。ある報告書のなかでは、中国が国際的なイメージを改善することに非常に力を入れており、人民解放軍にこのような活動の経験を積ませ、軍事的な情報を収集しようとしていると強調した。米国の国防省が指摘している三つのことは中国の意図していることの一部をなしているものの、中国の国連平和維持活動への貢献にはほかの目的がある。第一に、習近平率いる中国は平和維持活動の多国籍体制を維持しようと努めている。これはどのような世界の危機においても国連が中心になって管理すべきであるという中国の姿勢と完全に一致するものである。次に、米国の分析には、世界の安全保障に貢献することが中国の経済的な利益に役立つことを踏まえ、中国が新たにこれを実践している、といった視点が欠けている。ビジネスにふさわしい環境を整えることが必要になるに従って、中国はますます安定と安全に貢献しようと努力するようになった。さらに、習近平のもとで、中国は国際的な影響力を強める政策をあからさまに追い求めた。二〇一九年六月に国際連合食糧農業機関の事務局長に屈冬玉が選出されたことは、発展途上国に重きを置いて影響力を持とうとする政策をさらに一段引きあげることになった。

# 結論

中国では、自国の安全保障をいかに保つかが外交政策のおもな決定要因となっている。大国としての地位を得ようといった野心は、中華人民共和国の歴史のなかで、一環としたテーマであり、繰りかえし顔を出したりする。しかし、実際には、安全保障について最も差し迫った問題の解決がつねに優先されてきた。もっとも、中国が経済力や軍事力をつけ、世界の新たな勢力関係を構築するにしたがって、中国の安全保障にとって何が大事であるかといったことについて、認識の仕方が変化していった。領土を巡る争いは、旧ソ連との国境が画定されて以来かなり沈静化したものの、依然として現代中国の地政学において重きをなしている。領土問題は陸の国境より海の国境において重要性が高まり、これに伴って中国の地政学の重心は移動することになった。北方や西方の隣国と絶えず争ってきた中国にとって、新しい枠組みができたことになる。十九世紀や二十世紀には西欧諸国や日本が海から中国に攻め入ったものの、当時、中国にとって重要なのは海上において国境を画定することなどではなく、大陸における領土の一体性を守ることであった。

米国はアジアの安全保障問題を決定づける国である。このため、中国は米国との構造的な対立が激しさを増してきている。二〇〇八年の金融危機以来、中国は優位な立場を築き、得点を稼いできた。そして、軍事力の近代化と経済力の増強を果たした。周辺国の抵抗をかいくぐりながら、中国は今後もさらに空白地帯に進出しようとするのであろうか？　この「常套手段」は南シナ海における主権を巡る紛争や、東シナ海における日中の紛争にも見られたものである。これらの紛争の時には、軍事衝突を引きおこさないように、使う武器は軽火器に留められた。こうした手法はリスクが伴っており、思いがけない出来事を引きおこす可能性がある。しかしながら、これによって、中国は着実に地歩を固めていったと認めざるを得ない。戦略面では、こうした紛争によって、中国にはアジア大陸における序列を再構築する狙いがあり、その頂点に君臨すべきは中国であると考えている。もっとも、この中国の計画は日本の抵抗にあっており、その対立はますます先鋭化している。日中の対立は非常に敏感な歴史的な問題をはらんでいることに加え、経済面における競争関係や、政治体制の相違から生じる問題などさまざまな分野に及んでいる。ドナルド・トランプが米国の大統領に就任してからは、こうした問題が紛争の形で表面化してきた。米国の共和党政権、その後の民主党政権と、中国の弱体化を狙い、国際的な影響力を抑制しようとしたからだ。

同時に、中国は国力をつけたものの、冷戦の遺産ともいうべき二つの問題に関しては、大きな前進は見られていない。つまり、台湾問題と、朝鮮半島問題である。この二つの問題に対して、中国はいろいろと手を尽くしてきたが実を結んでいない。もっとも、解決にあたっては、極端な選択を控えている。つまり、台湾への侵攻と、核問題に関して北朝鮮と断交することである。この二つの問題がどのような結末を迎えるかで、アジアの安全保障における将来の姿が決まってくるであろう。「現状維持」は永遠に保たれるわけではない。アジアの平和のためには、現在のように、軍事力の行使という選択肢は、代償が大きく、非生産的であると中国が引きつづき考えていることが肝要である。

同時に、二十一世紀に海洋進出したことで、中国は経済のグローバル化を果たし、結果として、中国で支配的だった地政学上の認識を再構築することになった。海外で軍事基地を作らないというタブーは、ジブチで破られた。中国は新たに生じた安全保障上の利害を抱え、それを守ることは正当なものと中国政府内部は判断した。在留中国人の保護は今日、優先事項として揺るがぬものとなっているが、この傾向はまだ非常に最近のものである。海外にいる中国人が引き金となって、世界の安全保障上の危機に際して、中国が主要なプレーヤーになる可能性も排除されない。また、中国は、ここ十年のあいだに、一九五〇年代以来外交の基本方針としていた内政不干渉についての意味内容を徐々に修正してきた。

改革を果たした中国が成功を手にしたのは、経済成長や戦略上の慎重さなどによるものである。ロシアとは異なり、西側との長期間にわたる費用のかかる対立によって、国力を疲弊させることはなかった。中国は経済のグローバル化を選択し、地位を確立し、経済成長を維持し、相手国の不信感を拭い去り、世界のいたるところで影響力つけていった。もっとも、習近平のもとでは、戦略上、政治的なことが経済より優先されているようである。

同時に、習近平の中国は既成事実を積み重ねて誘導するような、戦略的に慎重さを保つ路線とは決別し、力関係を押しつけながら、望ましいと思うものを得ようとしている。この政策は非常に危険度が高い。これによって、中国の影響力に反対し、民主主義体制を擁護することで団結した、反中国同盟の出現を助長するであろう。今後の中国の地政学を占うにあたって大きな問題は、中国の利益がかかっているアジアやさらに遠くにおける紛争地帯での、軍事力の行使である。中国が国連の多国間主義の方針に沿い、国際的な安全保障に貢献するのであれば、関係国にとっては理想的なシナリオであるが、現実はますますかけ離れたところへ向かっている。それと同時に、米国と中国が構造的に対立する構図が明白な事実となってきており、習近平が「指導力」を発揮することを指向し、東アジアをはじめとした世界秩序の再編成を目指すような修正主義的な動きが出ているなか、アジアでの戦争のリスクは高まっている。そしてこのリスクは二〇二〇年代の地政学を形作ることになるであろう。

# 訳者あとがき

本書は、Mathieu Duchâtel, *Géopolitique de la Chine*, 3e édition mise à jour, (Collection « Que sais-je ? », n° 4072), PUF, 2022 の全訳である。

著者のデュシャテル氏は現在、パリに拠点を置く独立系シンクタンクであるモンテーニュ研究所（Institut Montaigne）で、アジアプログラムのディレクターとして活躍している。上海、台北、北京と合計九年間に及ぶ海外での研究活動ののち、二〇一五年に欧州外交評議会（European Council of Foreign Relations）のアジア・中国部の副部長に就任し、二〇一九年一月より現職となっている。二〇一五年には一時、日本国際問題研究所に在籍していたこともある。専門は中国を中心としたアジアの安全保障であり、北京でストックホルム国際平和研究所代表を務めていたことからも想像されるように、軍事面の分析に強いほか、最近では、中国を巡る経済摩擦の高まりのなか、経済面での安全保障を見据えながら、情報を積極的に発信している。デュシャテル氏の著作に関しては、本の形で発刊しているものはフランス語に限られてしまうものの、現在勤務しているモンテーニュ研究所や、前職の欧州外交評議会で英語の論文や報告書等が手に入る。関心を持たれた方は、ダウンロードして、一読してみることをお勧めする。

本書は二〇一七年に初版が発行され、二度の改訂を経て、今回訳出したのは二〇二二年に出された第三版である。初版を出した翌年の二〇一八年にはグルノーブル地政学フェスティバルにおいて、地政学の分野で優れた著作に対して贈られる地政学大賞（アグザンティス－コンフリ部門：prix Axyntis-Conflits）を受賞した。内容としては、中国の地政学の基盤を形作った歴史をたどるところから始め、陸の国境を接した国々との地政学、海洋上の国境を接した国々との地政学、国境の枠を飛び越えたグローバルな中国の地政学と、非常に網羅的でありながら、要点を確実に捉えたものになっている。これから中国について学び始める学生や仕事で中国と関わることになる社会人などにとって、良き入門書となるであろう。

日本にとって中国という存在は、近隣の大国であり、あらゆる面で影響を受けてきた国であることもあり、さまざまな分野の研究が進んでいる。一方、中国とフランスとのあいだには物理的には日中間と比べてはるかな隔たりが存在している。しかしながら、フランスにおける中国に対する関心はかなり昔から高いものがある。フランス国立図書館のウェブサイトを見ると戦前までのその変遷を知ることができる。要点を拾ってみると以下のようになる。フランスにおいて中国研究の基礎が確立されたのはルイ十四世（一六三八年—一七一五年）が統治していた時代とされる。ルイ十四世は一六八五年に六名のイエズス会士を北京に派遣した。派遣された六名はさまざまな分野の専門家であり、「王の数学者たち」（mathématiciens du Roi）と呼ばれていた。当時は清の時代で外国人の入国も厳しく制限されていたものの、シャム王国に留まった一人を除く五人が清にたどり着き、このフランス人たちの実力を康熙帝（一六五四年—一七二二年）は認め、庇護することにした。派遣団は北京に滞在しているあいだに多くの業績を上げ、フランスへ持ち帰り、それがヨーロッパに広まったのである。こうして、十七世紀から十八世紀にかけて中国学（sinologie）という学問としての基礎が築かれてきた。もっとも、当時は言語学に関わるものが多かった。一八一四年にはコレージュ・ド・フランス（一五三〇年創設のフランスの高等教育・研究機関）に中国学の講座が設置された。こうして、中国学がフランスの高等教育組織のなかに組みこまれるようになったのである。講座を担当したのはジャン＝ピエール・アベル＝レミュザ（一七八八年—一八三二年）で、アベル＝レミュザのもとで学んだ研究者たちがフランスにおける中国研究を先導し、発展させた。そして、哲学、宗教学、歴史学など幅広い分野で業績を残したエドゥアール・シャヴァンヌ（一八六五年—

一九一八年）、文献学、言語学、考古学で傑出した業績を残したポール・ペリオ（一八七八年―一九四五年）の時代に、フランスにおいて中国学は揺籃期を迎える。

第二次世界大戦後は、コレージュ・ド・フランス、東洋言語専門学校（l'École spéciale des langues orientales、現ＩＮＡＬＣＯ：国立東洋言語文化研究所）、国立高等研究院（l'École Pratique des Hautes Études、一九七五年に社会科学部門は独立してＥＨＥＳＳ：国立社会科学高等研究院）、フランス国立極東学院（l'École française d'Extrême-Orient）などの高等教育・研究機関を中心に行われていた中国研究は、大学にも中国に関する講座が開設されるようになり、大きく裾野が広がった。中国や日本の国際的なプレゼンスが増し、文化大革命やベトナム戦争といった出来事によってアジアに対する注目度が高まるなか、東アジアや中国について学ぶ学生の数が急速に増え、さまざまな分野で優秀な研究者を輩出している。

すでに本書を読まれた方のなかには、中学や高校で習ってきた中国史と比較して、ちょっとした疑問を持った方がいるかもしれない。王朝の成立や滅亡の年や戦争などが始まった年など、日本で一般的に教えられているものと本書のものでは、少しずれのあるものが存在する。これは、日本とフランスとのあいだの事象の捉え方のずれに起因するもので、本書では日本で一般的とされる年号に合わせることはしなかった。そのような日仏間の認識の違いを感じ取るのも、一つの学びになるのではなかろうか。また、本書は二〇二二年に改訂された第三版を訳したものであるが、国内総生産などは二〇二三年の数値を記載している。統計数値は修正や改訂が行われやすいこともあり、手に入りやすいIMFの統計などは、著者と相談して最新の数値を採用することにした結果である。ただし、文章は変更されていない。

中国の地政学を考えるうえで、地理的に離れ、これまで問題が提起されることは比較的少ない地域であるヨーロッパと中南米は、本書で言及される頻度が相対的に低い。もっとも、中国のヨーロッパとの関係は、急速に変化してきている。特に本書が刊行して以降の動きが大きいので、ここに概略を記しておきたい。

本書にある通り、天安門事件を契機にして、当時の欧州共同体（現EU：欧州連合）は中国に対して、武器禁輸を含む制裁措置を科した。この制裁措置は解除されることがなかったものの、中国とヨーロッパの関係は、天安門事件以降、二〇一〇年代半ばぐらいまで、良好なものだった。人権問題など巡って対立が生じることはあっても、経済が優先され、関係は強化された。EUにとって中国の政治体制は権威主義的であり、人権問題に改善はなかなか見られないものの、中国に幅広く関与し、国際社会のなかに取り込むことによって、民主化を促すことができると考えられていた。二〇〇三年十二月のEU首脳会議では武器禁輸措置解除がフランスのシラク大統領によって提起された。結局、米国の反対や東アジアの安全保障への配慮などにより、禁輸解除は見送られた。一方で、同じ二〇〇三年にEUと中国は、両者の関係を「包括的な戦略的パートナーシップ」として位置づけ、それまでの「包括的なパートナーシップ」からより高い次元の重要性を持つ関係と規定した。その後の貿易や直接投資など経済面の成長は著しかった。一方で、EUにとっては、中国との貿易で赤字額が膨らみ、ダンピング問題や中国企業による欧州企業の買収などで、徐々に摩擦も増えていった。

個別で見ると、「蜜月」と称されるほど、中国と友好を深めていた国も多い。英国でキャメロンが首相を務めていた二〇一〇年から二〇一六年までの期間が経済面で最も中国と親密であり、英中関係は「黄金時代」と形容される。当時のキャメロン首相はリーマンショック後の経済の立て直しのために、大規模企業使節団とともに中国を訪れ、商談を成立させ、中国主導のアジアインフラ投資銀行（AIIB）への参加を、西側諸国のなかで真っ先に表明した。一方、二〇〇五年から二〇二一年までの十六年間にわたってドイツの首相を務めたメルケルの時代も、ドイツと中国の関係が大きく発展し、親密であったといえる。経済中心であったものの、貿易や直接投資の額は急速に増加し、ドイツ企業は中国経済への依存度を高めていった。二〇二〇年末には、ドイツがEUの議長国を務めるなか、EUと中国とのあいだで、包括的投資協定が合意に至った。すでに、中国に対してEUが批判を強めていた時期であったが、メルケルは交渉妥結に強い意志を示し、頓挫しかけた交渉を成功に導いた。首相退任前の置き土産ともいえた。中国の経済力はヨーロッパのさまざまな国を引きつけた。二〇一九年三月にはイタリアが中国の広域経済圏構想「一帯一路」で協力する覚書を交わした。主要七ヵ国（G7）のメンバーでは初めてで、すでに中国による「債務の罠」などが批判の的になり、EU全体では中国に対して距離を取っている時期であったものの、イタリアはインフラ整備や物流、エネルギー分野での中国の投資を期待した。ちなみに、イタリアが覚書に署名した時点で、すでにEU加盟国のうち一三ヵ国が署名を終えていた。それ以前に、中国は中・東欧諸国にも積極的にアプローチをしていた。二〇一二年に中国とEU加盟一一ヵ国およびEU加盟を目指す五ヵ国が経済協力を話し合う首脳会議「16＋1」が発足した。のちにギリシアが加わって「17＋1」となるこの会議では、発足当初、中国から巨額の投資案件が約束された。EUの枠を飛び越して直接関係を強化しようとする中国の動きに、欧州委員会や欧州議会は警戒感を強めた。しかし、この頃、二〇〇九年にギリシアで発覚した過大な財政赤字を契機に債務問題が拡大し、アイルランド、ポルトガル、スペイン、イタリアに波及し、二〇一〇年の欧州債務危機に発展し、EUはその対応に追われていた。中・東欧諸国も経済的に打撃を受け、EUからの支援を十分に得られないなか、中国との関係強化は魅力的であった。

しかし、こうした経済を中心に拡大していた関係が、逆転を開始する。貿易や投資の拡大は歓迎されたものの、ＥＵ側は貿易赤字の拡大に不満を募らせていた。また、中国の市場開放が進まない一方で、中国企業によるＥＵの戦略的に重要な企業の買収に対して警戒感が高まり、技術流出も懸念された。こうした流れのなか、二〇一〇年代半ばぐらいから、個別案件に関して、中国企業による買収を拒否する事例が出始めた。二〇一七年には欧州委員会がヨーロッパ企業の買収に対する審査強化策を提案し、これは対内直接投資審査規則となって二〇二〇年に全面適用された。その後二〇二一年には中国を念頭に外国政府からの補助金などの支援を受けた企業がＥＵ域内の企業を買収する際に通知を求める規制案を発表した。英国も同じ年に国家安全保障・投資法を成立させ、中国を念頭に買収などによる技術流出防止策を講じた。そして、メルケルが推進した包括的投資協定は批准審議が凍結された。現在は、ＥＵにとって最大の輸入相手国（二〇二三年）となった中国に対し、経済安全保障の観点から、過度の依存を減らすため、デリスキング政策が進められている。

中国とは以前からチベットなどを巡り対立がたびたび表面化していた人権問題は、ウイグル問題を巡って、さらに深刻化した。ＥＵはウイグル族に対する人権侵害に懸念を強め、米国と歩調を合わせて、二〇二一年三月に中国の当局者らに制裁を科す方針を決定した。また、オランダ、イギリス、ベルギー、フランスと、議会でウイグル族に対する人権問題に関して非難決議が採択された。香港問題も、ヨーロッパと中国の関係に影を落とした。中国が香港の一国二制度をなし崩しにするなか、特に旧宗主国の英国は反発を強めた。二〇二〇年に中国が香港国家安全維持法を施行すると、英国は香港市民向けに特別ビザを発行し、英国で受け入れる策を発表した。中国はビザの有効性を認めないことを表明するなど、非難や対抗策など応酬が続いた。こうして英中の黄金時代は幕を下ろしたのである。

同じころに、中国と中・東欧との関係にも隙間風が吹き始めていた。「17＋1」の枠組みで当初期待された中国からの投資は、一部の国を除いて、進んでいなかった。コロナ禍のために二年ぶりの開催となった二〇二一年二月の「17＋1」会議ではオンライン開催にもかかわらず多くの首脳が参加を見送り、中国の対応に不満を表明する首脳も見られた。そして、二〇二一年五月にリトアニア、二〇二二年八月にラトビアとエストニアが離脱し、「14＋1」に縮小を余儀なくされた。セルビアやハンガリーなど、一部の中国の友好国を除いて、期待は失望へ変わってしまった。一方で、一帯一路において、中国経済の磁力の強さを象徴していたイタリアは、期待通りの成果が得られず、二〇二三年に離脱を表明した。

ヨーロッパと中国との関係が急速に冷え込んだのは、中国の経済政策に対する不満や、人権・民主化への懸念といった要素だけではない。ここ数年では、コロナ禍で隠ぺい体質が露見した中国の対応も一因であり、なんといってもロシアがウクライナに侵攻した影響が大きい。武器を渡すことはなくとも、ロシアの継戦能力を支える中国に対する批判は大きい。かねてから、東シナ海や南シナ海での中国の動きに警戒し、威圧的な戦狼外交に批判を強めていたヨーロッパ各国は、これを機会に台湾との関係強化に進み、東アジア周辺における安全保障への関与を強めた。また、NATOは二〇二二年に開いた首脳会議で採択した「戦略概念」において中国を「体制上の挑戦」と明記するに至った。

中国は米国の一極支配に挑戦し、現在の世界秩序を変えたいと思っている。この点ではロシアと共通した目標である。しかし、中国は内政不干渉を謳いながら、国際的な制度を巧みに利用し、国際機関に浸透し、ヨーロッパ各国を取り込みながら多極化を目指した。十九世紀的な手法で世界秩序に挑戦し、イランや北朝鮮のような世界システムから孤立した形のロシアとは、目的に対するアプローチの点で大きく異なる。中国は海外からの投資を必要としており、経済的に結びつきの強いヨーロッパ各国と決定的な対立を避けたいのが本音であろう。ロシアのウクライナ侵攻によって、中国は何とも居心地の悪い立場に置かれてしまったと言えるのではなかろうか。

本書の翻訳に際しては、さまざまな方から協力を頂いた。とくに、訳者の出身ゼミである東京外国語大学の中嶋嶺雄国際関係論研究室で学んだことや、同ゼミで研鑽を積み中国研究で優れた業績を上げている研究者の方々からは多くの知見を得た。また、本書のアルファベット表記の中国語を漢字に置き換える際には同ゼミ出身の孫国鳳氏から貴重なアドバイスを頂いた。ここに感謝したい。

本書の刊行に際しては、白水社編集部の小川弓枝氏からは、翻訳開始、スケジューリング、校正に至るまで、要所で適切な助言を頂いた。この場を借りて厚くお礼を申し上げたい。

二〇二四年七月

松本達也

# 参考文献


Cabestan J.-P., *La Politique internationale de la Chine, entre integration et volonté de puissance*, Paris, Presses de Sciences Po, 2015（2e éd.）.

Chen J., *Mao's China and the Cold War*, Chapel Hill, UnⅣersity of North Carolina Press, 2001.

Ekman A.（dir.）, *La Chine dans le monde*, Paris, CNRS Éditions, 2018.

Fravel T., *Strong Borders, Secure Nation : Cooperation and Conflict in China's Territorial Disputes*, Princeton, Princeton UnⅣersity Press, 2008.〔テイラー・フレイヴェル『中国の領土紛争——武力行使と妥協の論理』松田康博訳、勁草書房、2019〕

—, *Active Defense : China's Military Strategy Since 1949*, Princeton, Princeton UnⅣersity Press, 2019.

Gernet J., *Le Monde chinois*, Paris, Armand Colin, 1999（5e éd.）.

Gill B., *Daring to Struggle : China's Global Ambitions Under Xi Jinping*, New York, Oxford UnⅣersity Press, 2022.

Godement F., *Que veut la Chine ? De Mao au capitalisme*, Paris, Odile Jacob, 2012.

Godement F., Vasselier A., *La Chine à nos portes. Une stratégie pour l'Europe*, Paris, Odile Jacob, 2018.

Johnston A.I., *Cultural Realism : Strategic Culture and Grand Strategy in Chinese History*, Princeton, Princeton UnⅣersity Press, 1998.

Lewis J.W., Litai X., *China Builds the Bomb*, Palo Alto, Stanford UnⅣersity Press, 1991.

Mann J., *The China Fantasy : Why Capitalism Will Not Bring Democracy to China*, Londres, Penguin Books, 2008.

Martin P., *China's Civilian Army : The Making of World Warrior Diplomacy*, New York, Oxford UnⅣersity Press, 2021.

Mengin F., *Fragments d'une guerre inachevee. Les entrepreneurs taïwanais et la partition de la Chine*, Paris, Karthala, 2013.

Parello-Plesner J., Duchâtel M., *China's Strong Arm : Protecting Chinese Nationals and Assets Overseas*, Londres, Routledge et IISS Adelphi, 2015.

著者略歴
マテュー・デュシャテル　Mathieu Duchâtel
モンテーニュ研究所アジアプログラム・ディレクター。2015 年、欧州外交評議会アジア・中国部副部長に就任、2019 年 1 月より現職。専門は中国を中心としたアジアの安全保障。2018 年、本書で第 10 回グルノーブル地政学フェスティバル最優秀地政学大賞（Axyntis-Conflits 部門）を受賞。

訳者略歴
松本達也（まつもと・たつや）
東京外国語大学外国学部フランス語学科卒業、東京外国語大学 大学院地域研究研究科修了・国際学修士。

文庫クセジュ　Q 1066

中国の地政学

2024年8月20日　印刷
2024年9月10日　発行

著　者　　マテュー・デュシャテル
訳　者 ⓒ 松本達也
発行者　　岩堀雅己
印刷・製本　株式会社平河工業社
発行所　　株式会社白水社

東京都千代田区神田小川町 3 の 24
電話　営業部　03 (3291) 7811 / 編集部　03 (3291) 7821
振替　00190-5-33228
郵便番号　101-0052
www.hakusuisha.co.jp

乱丁・落丁本は，送料小社負担にてお取り替えいたします.

ISBN978-4-560-51066-7

Printed in Japan